En amour...
l'avenir vient
de loin

Jacques Salomé

En amour...
l'avenir vient
de loin

Poétique amoureuse

ALBIN MICHEL

© Éditions Albin Michel, S.A., 1996
22, rue Huyghens, 75014 Paris

ISBN : 2-226-08831-8

La Souffrerrance

ou

Les blessures inachevées

à chacun de mes enfants
Clara, Marine, Bruno, Eric, Nathalie
à qui j'aurais voulu apprendre
la seule liberté possible
celle des sentiments.

Souffrerrance

J'ai inventé ce mot pour nous deux
                          la souffrerrance
Il dit à lui seul les errements
les silences
les murs

il dit le plus caché
le plus ému
le mouvement sans fin
me portant vers toi
                          souffrerrance

il dit l'espérance
                          dans l'inespéré.

Il y a des signes partout

La nostalgie
c'est tout ce que je ne t'ai jamais dit
c'est tout ce que je n'ai pas entendu
de toi
c'est tout l'infini
à côté duquel nous sommes passés
sans même le pressentir

en l'ignorant totalement
alors qu'il y avait des signes partout

pour chacun de nous.

Éloignance

Tu me donnes tout
là où j'attends l'impossible

tes caresses
ta douceur
ta tendresse crispée
sur des peurs trop anciennes
ta chaleur
et même ton sourire
échouent

contre un élan fou

un soupir bien sûr n'a pas l'écho d'un cri

laisse-toi venir jusqu'à moi
même si le chemin est long
même s'il n'y a pas de route

tu m'as dit
je ne veux pas te perdre
laisse-moi alors
te trouver

à
nous rejoindre
différents
l'un à l'autre.

C'est avec toi

Près de toi
j'ai attendu le trop plein
des aurores blessées

Avec toi
j'ai crû par des jours
trop gris
en des soleils réprimés

Par toi
j'ai su le vide des nuages
à la recherche de leur envol

C'est avec toi
que j'ai surpris l'œil
d'un oiseau ouvert sur son désir.

Nous sans toi

Ce creux au fond de l'estomac
ce trou vide
tout derrière
tout au fond
                    c'est toi
Cet élan irraisonné
fidélité douloureuse qui m'entraîne si loin
plus loin
                    c'est toi
Ce regard trop tendre sur une autre étonnée
la lumière déchirée au détour d'une rue
un rire perdu
violentant le silence
un sanglot oublié
un souffle-cri
une caresse esquissée
par mes doigts souvenants
                    c'est toi
Toi près de moi
toi absente-recréée
toi miraculée
à mon imagination buissonnière
toi à moi
sans moi
                    à la recherche de toi.

Rencontre inachevée

Je t'ai offert l'ombre et la lumière
                    l'eau et le feu
Je t'ai donné au plus ardent de mes élans
un univers lumineux de possibles
Je t'ai agrandie aux espaces de mon corps
                    en des fibres secrètes
ramifiées au plus enfoui
Dans mes rêves
chaque nuit
chaque jour
                    je t'ai reçue

Ton rire inespéré quel coup de bonheur
Je me suis éveillé à ma voix chuchotant
                    un je t'aime
c'était toi
c'était moi
                    noués au même rêve

Et puis à l'évidence des yeux ouverts
un espace de froid
                    séparait nos deux corps
                    Nos mains oublieuses
ne pouvaient se rejoindre
Je me suis levé
vieil habitué
                    des matins de solitude
apprivoisant l'espace par des gestes
                    insipides

Mon souffle déjà porteur du soir
inscrivait l'espérance
            d'un jour à inventer
            d'un rêve éveillé sans cesse ciselé
            d'une rencontre à venir

Il n'y a jamais de recommencement
seulement un devenir effarouché
une attente inexplorée.

Au pays de nous-mêmes

Avec toi découvrir aussi le bonheur
de donner
Avec toi surtout laisser chanter
l'imprévisible
Avec toi plus loin encore
bercer le recevoir
Avec toi bien sûr s'interroger
sans faim
Qui es-tu dans tes abandons rayonnants
Qui suis-je
aux multiples saisons de mes silences
jamais inassouvies

Avec toi vraiment cheminer
par de si longues routes
détournées aux espaces du temps
Avec toi toujours se partager
pour s'agrandir
Avec toi certainement
écarter les souffrances

Et de renaissance en renaissance
Avec toi parfois sans toi
à te chercher encore

Car personne ne pourra
nous enlever ces pays révélés
découverts
reconnus en chacun

Aucun événement
ne nous dépossédera
du pays de nous-mêmes
pas même
nous-mêmes.

Attachement

Ne me possède pas
ne me divise pas
Apprends-moi qui je suis

Laisse-moi une parole libre
mon seul bien
des mots miens
Respecte en moi
mes pensées girouettes
mes tâtonnements
et mes émerveillements
Ne protège pas mes peurs

Laisse-moi m'interroger
sans me répondre
sans me juger
me déjuger aussi

Ne fais plus de discours sur moi
laisse-moi circuler
follement dans mon passé
ou
inventer l'irréel
Laisse-moi oser
réaliser l'irréalisable

Oui
ma parole est moi
même si elle me trahit parfois

au malhabile des mots
Offre-moi
de découvrir et de dire
tout ce que je ne sais pas
encore.
Offre-moi l'écoute inouïe
de m'entendre enfin.

Je suis ton langage

Au-delà de tous mes voyages
au plus loin de tous les visages
c'est toi que je rencontre

Puissent tous les jours de cette absence
voguer
vers des rires
et s'ensoleiller des rêves qui t'habitent

Toute cette douceur
ces attentions proches
ta présence inquiète
tes signes repères
me bouleversent

Je pars ensemencé de tes pensées
un son inconnu bat en ma poitrine
galet oublié d'une mer ensevelie
vacances lointaines
ou vie plus ancienne
rappel-élan
langage de toi.

Avec tes yeux

Tu m'as donné un regard bleu
Tes yeux au fond de moi chantent violet
En vagues douces
ils descendent
ruissellent au-dedans
ouvrent en creux
l'étonnement d'être
déferlent sur le doux de mon ventre
                    plus bas encore
où ils s'épuisent en sources
                    Mes jambes s'élèvent
point d'appui sur le ciel
                    je m'envole
dans la chair de ton cri
Avec l'éveil de ton sourire
                    je retrouve mon corps.

Quand je ne dis pas

Quand mes yeux émerveillés
te disent
l'étonnement
de ton regard

Quand mon doigt amoureux
dessine ton visage
et dit ainsi
l'espace qui m'habite

Quand ma main donnante
ouvre ton corps
et appelle ainsi
la vie qui te contient

Quand mon souffle
recrée le tien
pour en mêler les songes
et ouvrir à une naissance

Quand il est doux
d'être près de toi
et vital
de te le dire.

Co-naissance

Quand ton corps jaillit
en étoiles
je deviens
un ciel ébloui
tu ruisselles et te
multiplies
en vagues de tendresse
pour baigner
les cris de
l'innocence
ta main appel
dessine la création
du monde
et ma naissance
éclat
te rejoint
au creux
de tes rires.

Communication

Te parler
de moi
c'est tenter
un cri
c'est ouvrir
une peur
c'est danser
la souffrance
c'est hurler
la folie inutile
alors
je dis des riens
l'impalpable
du quotidien
l'éphémère
et l'infinie
respiration
des choses
la molécule
d'un frisson
survenu
à un autre.

Offrande

Au ventre de tes peurs
j'apporterai la mer et les étoiles
au coin de tes paupières
je déposerai les rires du soleil
au doux de ta bouche
le sourire des saisons
J'éloignerai
au-delà de tes mondes
la détresse
je fermerai la bouche aux silences
je détournerai les violences
de la violence
je me ferai vague et odeur du temps
pour devenir un éclat de bonheur
fiché en toi
un éclat de bonheur
oui
retenu
préservé du chaos
pour toi.

Recherches

Le bonheur doit bien exister
loin
très loin
au plus oublié
de toi
il doit bien se protéger
au plus profond
abrité de la violence
de tes peurs
il doit bien résister
au plus tenace
protégé du poison de tes échecs
Bonheur timide peut-être
encore inexploré
prudent et fugace
entre deux eaux anciennes
jaillissement endormi
Bonheur fatigué du trop à parcourir
aux rencontres incertaines
Il est là je suis sûr
comme il y a des soleils
dans ce printemps
comme il y a des rages tenaces
dans un ciel

                      trop timide
et des violences tumultueuses
dans l'avant-été
comme il y a des cris innocents
et des gestes

et bien d'autres appels de la vie
dans nos saisons gestations

        Puissions-nous déposer un jour
        toutes ces souffrances inutiles
        ces douleurs nécessaires
        bien avant l'indifférence
        loin avant la séparation
        longtemps avant la mort
        plus loin que l'oubli.

L'attente bleutée

L'odeur rouge des derniers soirs d'hiver
aux crevasses du ciel
lance un appel incertain à la nuit
où disparaît le jour

Je vais vers toi
attentif au temps fragile
encore morcelé de maladresses anciennes
ou récentes
Je trace ma route d'élans
ton nom épelant
le bonheur proche

Puis un mot déchire tout
et l'univers bascule en morceaux imbéciles
L'amertume
éclabousse l'espace
Des tourbillons de silences
déchirent la fin du jour

Demain peut-être
                    une odeur rouge
un regard orange
une attente bleutée.

Appel

Ne le laisse pas se perdre
Ce courant de vie
Ce ruisseau de désir ouvert en toi
Ne laisse rien s'éteindre
Un tout petit regard suffit parfois
à l'énergie d'un projet
Un geste esquissé
pour modeler l'espace du plaisir
Un mot murmuré
pour ralentir le temps des temps
Un mouvement du ventre
à une chaleur donnée
Un rire échappé
au refus

Un printemps au bout des doigts.

Apprivoisement

De sourires en respirs
de silences en présences
de caresses en offrandes
de douceurs en douleurs

de regards en soupirs
de violences en attentes
de départs en retours
de blessures en étreintes

d'évidences en erreurs
de rejets en recherches
de souvenirs en oublis
de plaisirs en désirs

de doutes en découvertes
et de rires en sanglots
de baisers en émotions
ou de souvenirs en paroles

Nous allons doucement
l'un vers l'autre.
par les chemins multiples
de toutes nos errances

Balbutiements

L'amour c'est quand tu dis
oui
alors je sens ce oui t'agrandir
et me revenir
étonné
d'avoir été ainsi reçu

L'amour c'est quand je te souris
et que tu t'illumines
émerveillée
de me recevoir
en entier

L'amour c'est quand
il n'est jamais trop tard
d'ouvrir mes bras
pour t'y jeter
incendiée

L'amour c'est quand tu me dis
viens
au moment où le monde bascule
en s'ouvrant,
jaillissement d'étoiles
sur l'infini de ton plaisir

L'amour c'est que tu sois là
renaissante
chaque fois plus vivante
à ma tendresse
renouvelée.

Certitudes

Oui c'est bon de t'aimer
même si tout au fond frissonne l'inquiétude
de ne pas te rejoindre et t'atteindre
aux chemins de tes fuites

Oui c'est possible de t'aimer
sans se faire mal
sans se déchirer par une parole à dire
difficile à parler

Oui tu existes plus loin que les refus
ou les manques
plus profond que les douleurs anciennes
si présentes

Oui c'est doux de t'aimer
de se donner un plaisir entier
d'arrêter le temps versatile
pour un espace plus plein

Oui c'est bonheur de t'aimer
de t'apporter des fleurs
dans un éclat de rire
et un bout d'avenir proche à naître

Oui t'aimer
en entier
au-delà des doutes
et des déchirements.

Invente-moi dans ce printemps

Si tu avais inventé pour moi
le mot oui
si tu avais crié viens
viens vite me rejoindre
un monde ensorcelé
au goutte à goutte de doutes
se serait brisé

Si tu avais chassé d'un rire
mes nuages
si tu avais ouvert les yeux
sans nier mon regard
la vie ardente
m'aurait délogé
de mes propres refus

Si tu avais dévoilé d'un mot
les blessures de mes silences

Si tu avais laissé l'abandon
creuser ton ventre
à l'amplitude du don
Si tu avais lancé tes bras
à ma rencontre
pour ouvrir les possibles
du ciel

Alors
combien de fêtes seraient nées
dans les fêtes de nos rencontres

Et combien les vendanges
de l'abondance
auraient accueilli
l'automne
saison de toutes mes incertitudes.

Au désir assassiné

À détruire les rires possibles
À nier les plaisirs proches
À polir l'angoisse déjà lisse
Et sans faille
La vie s'use
Le temps vorace
Dévore l'instant
Les rêves s'entretuent
L'envie s'enfuit
Le goût se perd
Le geste s'oublie inachevé

Naissent alors
D'autres tumultes
Errements vers un autre toi-même

Je te cherche
dans les plis inachevés
d'une vie multiple.

Amplitude

Oh non

           tu ne m'occupes pas en entier
           tu es seulement
l'espace qui m'entoure
           cette poussière lumineuse
           des nuages
c'est toi

           cette odeur en dentelle
           ces bruits scintillants
c'est toi

           cette attente du temps retrouvé
           le soleil éclaté.
c'est toi

           ton corps déroulé à l'infini
           du ciel et tes gestes accordés
c'est toi

           l'insondable de ma solitude
           l'incroyable violence du silence
c'est toi

Oh non   tu ne m'occupes pas en entier
           il me reste encore
           habitées
           par l'absence de toi

les milliards de particules
dont je suis fait.

Dans l'inachèvement d'une blessure

Tu m'as donné
cette ride au coin de l'œil qui en prolonge
une plus ancienne
déjà issue d'une
longue cicatrice de sourires fermés
joyeuseté perdue pour cause d'abandon
car les rires sont fleuves
et naissent d'un peu
de lait
et du trop-plein d'amour

reçu en source

si aux cascades des regards
succèdent des torrents de silence
tombent alors
des poussières de gouttes
qui creusent
empreintes brûlantes
ombres pâles
clairs-obscurs
de lointaines blessures
la vie cascade

roule
plus loin que nous-mêmes.

Les yeux clos

                    Aussi dans mon sommeil
je te cherche
je navigue vers toi en des houles étranges
bousculé
basculé
piétiné

                    par des élans sauvages
appelé
refusé
morcelé

                    des béances noires
s'ouvrent

                    trop d'attentes laissent sans vie

ma poitrine refermée
les yeux clos à la recherche vaine
d'un rêve mutilé

                    la main seule est ouverte
sur un trop-plein d'espoir

                    à venir.

Réceptivité

Au matin éphémère
noirci de la nuit
à l'aurore incertaine
des gestes à retrouver
tu peux me chercher
et te jeter en moi
en attendant ainsi
le plein du jour à vivre

peux-tu accepter
de me laisser seulement
te recevoir.

Exigences

Surtout ne pas réclamer
ne rien demander à l'immédiat
ne pas demander du bonheur
ne pas exiger ce surplus d'amour
dans le rire d'un regard
ou l'enthousiasme d'un clin de vie

la passion n'a plus de place
au moutonnement du quotidien

ne rien attendre
se contenter des restes
du jour
d'une dernière fatigue
entendue
d'un abandon trop épuisé
pour recevoir
écouter
écouter sans se lasser
sans comprendre
devenir la plainte de l'autre.

Apprendre ce que je sais

Tu n'as pas su
tu n'as pas cru

        combien tu étais importante

tu n'as pas su
tu n'as pas cru

        combien j'ai cru en toi

tu n'as pas su
tu n'as pas cru

        ce que tu es

        si tu avais su
        le merveilleux

en toi

        pour créer
        l'impossible

en moi.

Tu es essentielle

Tu l'es
je porte au plus profond
le besoin de ta présence
la lumière de ton regard
ton odeur mêlée à mes élans
quand
je recueille au matin
ton premier sourire
devenant soleil
je participe aux enchantements
de ton souffle
je me laisse aller aux projets
de tes yeux
je me dénude aux cascades
de ta chaleur offerte

essentielle tu l'es
je te fais entrer dans mes interrogations
j'en laisse éclore les possibles
j'ai avec toi le goût du bon
et j'aspire au doux
du mieux-être à fleur de doigts
j'ai la certitude de ton existence
j'ose rêver en toi
et je sais la réalité étonnée
qui éblouit même l'imprévisible
je te reçois avec une sécurité
plus ancienne que toutes les peurs
tu es essentielle.

Ciel

Les yeux des étoiles regardent
au plus loin de nous
ils sourient
les yeux des étoiles s'interrogent
et lisent au-delà de nos gestes
les yeux des étoiles voient
plus loin que toi et moi
ils disent
notre séparation prochaine
inscrite au firmament
des peurs
les yeux des étoiles pleurent
ils savent l'avenir
bien plus loin que la vie
les yeux des étoiles scintillent
aux éparpillements
d'un rêve
le ciel n'est jamais apaisé.

Les petits matins

C'est au petit matin
bien avant l'éveil du jour
que naît la vie d'une journée
et l'aube d'un univers
le mien.

C'est au petit matin
chaque jour inventé
que s'ouvre l'espoir
fragile et vulnérable
le tien

C'est au petit matin
chaque jour étonné
que s'invente l'écoute
aux bercements des attentes
nôtres

C'est au petit matin
frémissant d'impatience
que le silence devient cri
et se noue au désespoir
égaré de la veille

C'est au petit matin
attentif
que je me perds éperdu
pour de longs jours assassinés
d'incertitudes

C'est au petit matin
que se joue l'inutile
blessure
d'un recommencement inévitable.

Le cri des étoiles

Une source d'étoiles
jaillissait de mes doigts
ton corps endormi
voie lactée en voyage
riait de ma joie
Tu m'accueillais sans le savoir
tout abandonnée à ton désir
naissant
Tu recevais ma présence
et son étonnement
ma bouche t'apaisait
au goutte-à-goutte
du plaisir
d'émois inondé
Je m'emplissais de toi

Bien plus tard
dans une autre courbe du temps

au cri des étoiles répondait l'angoisse marine
un monde éclaté tourbillonnait
inexorablement
la vie révélée
s'éparpillait
La flèche insensée du désespoir
éclaboussait d'amertume
un dernier spasme

Et dans un autre espace
de nous
se préparaient
de nouvelles rencontres.

Oubliance

Dans le béton du sommeil se perdent
mes caresses
Là où la chaleur renvoyée
miroir aveugle me glace
ma main racine
cherche des mousses
Elle guette offerte
le soleil d'un frémissement
s'ouvre avide
aux ruissellements rêvés
l'écorce aride
trop longtemps peureuse
reste fermée
imperméable
souffrance inaccessible
qui se ferme en étau
à ses propres élans
la respiration seule
est la sève
d'un rêve
échappé au chaos
de la nuit.

Détournement

Tu
détiens
détends
détournes
déformes
déjoues
dérives

                mes rêves
débauches ma folie
dénommes mes silences
dénonces l'imprévu
démontes mes regards
démasques mes peurs
déloges mes croyances

s'immobilisent alors les souffles
se stérilisent les caresses
s'inscrivent les attentes vaines
s'évadent les rires

car la solitude
la plus terrible
je te le dis
est d'être seul à avoir un désir.

Usure

Une relation s'use
et s'abuse
d'où le désir s'absente
Une relation se perd
de n'avoir pas su s'agrandir
et se différencier
dans le partage
Une relation s'égare
en des chemins trop anciens
ou trop connus
Une relation s'achève
aux carences des regards
à l'absence des désirs

Ne plus pleurer surtout
laisser les regrets
devenir poussières
Puis revenir à la solitude vraie
compagne infatigable
elle seule me parle
et m'habite au plus proche
des non-rêves

Je refuse la solitude habituelle
pleine de trop d'ignorance
je la veux
entière.

Les écrits s'envolent

Une feuille d'arbre-papier

tombée
blessée
piétinée
ou chiffonnée

        détachée de la vie
        envolée

aux hasard
des vents et des regards

recueillie
pour traverser des océans

        puis oubliée entre
        deux pages

cette feuille-écriture
vingt ans plus tard
s'appelle encore

        croyance.

Quotidienneté

À l'écume des jours
se brise un départ nouveau
à ton sommeil une séparation furtive
à tes yeux un regard plus vif
à ton sourire des tendresses à venir
à l'espoir des matins
tous les possibles s'éveillent
des attentes
se répondent
et se noient parfois
dans trop d'inattentions

je crois aux autres pour toi aussi
je suis aux autres pour un avenir de toi

je pars ainsi jaloux du meilleur de toi
de ta lumière
de ton apaisement
je pars jaloux du jour qui reste avec toi
enveloppe bruissante et familière
aux apprivoisements subtils
je pars jaloux de toutes les caresses
à te donner
pour t'emporter plus loin encore
je pars jaloux du ciel qui te voit
et te répands ainsi aux coins de l'univers

tu es mon plus que moi
aux cent détours
des heures.

L'Ensolitude

L'Ensolitude est hivernale
longues nuits aux yeux déchirés
et journées grises muettes d'ennui

l'Ensolitude est matinale
poussée dans les sillons du froid
présente dans un rêve déjà oublié
déposée avant le sommeil

l'Ensolitude est fringale
à la béance des avidités
où une main oubliée soudain
se reconnaît caresse

l'Ensolitude est silence
à l'interdit des refus
au rejet des pitiés
à l'amertume des miettes

l'Ensolitude est censure
rassasiée d'interdits
dans les non-dits de la violence
aux déchirements des appels

l'Ensolitude est un grand cercle
avec ce vide immobile
où je ne te rejoins pas
car je me cherche encore

l'Ensolitude sera liberté
aux germes d'un été
aux aveux de l'incomplétude
enfin reconnue.

À retrouver la mémoire de nos oublis

Je pense à toutes les fois où nous n'avons
pas fait l'amour
à tous les étonnements
                    perdus
à tous les emportements
                    ligotés
à tous les plaisirs
                    refoulés

Je pense à toutes les rencontres
                    manquées
à ces nuits trop longues
                    égarées
entre des jours si tristes

Je pense à nos errances
à nos tâtonnements
à nos refus
à nos peurs d'entendre

Je pense à toute la vie
                    immobilisée
                    desséchée
à trop gaspiller le temps
                    des possibles
de l'amour

Je pense à tout le dérisoire hébété
                    de la non-rencontre

Et cette faim soudaine
presque irrespirable
                à retrouver
                à rattraper
toute la mémoire de nos oublis.

Éveil

Si ton premier regard
était un éclat de rire
à ce cœur qui me lance
et tenaille
Si ta lèvre goûtait
à la lumière
tendre du matin
boulet rouge
immobile
si dense
si lourd de choix
multiples
aux répétitions des jours
Si ta main
s'ouvrait
pour cueillir l'existence
de ma caresse-offrande
Si tu étais toi
enfin
avant qu'il ne soit trop tard
pour moi

Ce matin je me sens fatigué
fermé
et je marche penché
sans tomber tout à fait.

Séparation

Nous le disions comme une chose simple
comme une liberté nouvelle
Nous l'espérions comme une
aventure offerte
à chacun
Nous l'attendions comme un miracle à venir
Nous l'exigions comme une paix méritée

Séparons-nous
lâchons la douleur d'être encore ensemble
Nous nous le disions l'un à l'autre

Affrontons la rupture
En chiens blessés allons cicatriser
nos blessures en des coins reculés
ignorés de tous
surtout de nos proches

Séparons-nous
n'espérons plus
l'un de l'autre
Retrouvons nos ressources intactes
éloignons nos angoisses
Nous nous le disions l'un pour l'autre

Séparons nos vies de nos peurs
pour retrouver nos odeurs
et surtout nos possibles

Séparons nos élans
      pour réussir notre envol
Nous nous le disions croyant entendre
      la demande de l'autre

Séparons-nous
      pour nous regarder
      de plus loin
      du moins le croyons-nous

Séparons-nous
      pour vivre enfin.

Inexistence

Je sens ton présent
brouillé d'images anciennes
toujours tues
tissé de rancœurs sourdes
broyé de violences éclatées

Avec évidence
je reste pour toi malfaisant
dans un goût d'amertume
nécessaire à une expiation
sans fin

Au fleuve d'un rejet
toujours renouvelé
la source des blessures
devenue océan
immerge les mondes connus

Au songe de ses rives
La menstrue des échecs
vogue dans ton ventre
et le sang univers
tisse sans fin les doutes
de nos rencontres

Il n'y a jamais de limites
aux blessures inachevées

Je reste à la dérive
de ton insatisfaction
foudre-écho
de tes orages
Il ne me sera jamais pardonné
de t'avoir aimé.

Retours

Revenir
Ce n'est pas parcourir des kilomètres
ou remplir des silences
c'est franchir par élans des distances
                    revenir vers toi
c'est être porteur de mots-bagages
c'est être rempli de partage
c'est aller vers le chaud
c'est se sentir plage sous la peau
oasis sous les sables de l'ennui
                    revenir vers toi
c'est être reçu
accueilli
au-delà de mes peurs
c'est ouvrir un espace possible aux rires
c'est m'envelopper
apaisé
dans le ciel de ton corps
                    revenir vers toi
c'est quitter un peu de ma mort
quand je suis loin de toi.

Désirante

Tu es là

plus ouverte de présence
plus réelle d'espoir
plus aimante à la douceur donnée
plus émerveillée d'attente comblée
plus riante à la tendresse reçue
plus désirante à ton désir

Tu es là
oui.

Je navigue vers toi à l'estime

Je suis venu ce soir
avec une immense fatigue
et l'angoisse diffuse
puisée dans un ciel
trop fermé
Je reviens au port
affamé de sourires
Je cherche une île
close
Je reste abandonné à l'imprévu
d'un geste inventé

Dans la nuit sans sommeil
j'entends enfin
les appels criés en mon absence

À la fin inévitable
de chaque jour
il pleut sur la vie
des larmes incendiées
au sang noirci
des aigreurs.

Utopie

Mon inutilité
mon impuissance
ma désespérance
à exister pour toi
Mon admiration
mon émerveillement effrayé
jusqu'où iras-tu
dans la négation de la vie
Aurais-je la force
de t'accompagner

            Et cependant
            J'aime t'entendre dire
            J'aime t'entendre te dire
            et oser l'inquiétante folie
            de l'échec à tout prix

Existences
antagonistes
en miroirs qui se cherchent
et se perdent en s'approchant
ou se nient se reconnaissant

            Oui c'est difficile d'être
            dans un nous si fragile
            et fragile
            même avec tout mon amour
            pour toi.

Je te parle surtout dans mes silences

Oui il m'arrive aussi
d'être anxieux
et donc maladroit
excessif
agité
imprévisible dans ma tristesse
chaotique dans mes attentes
injuste dans mes paroles
et ambigu dans mes étreintes
Mes points de repères devenus flous
mes choix sans valeur
mes ancrages en dérive
Je m'accroche à ma respiration
J'avance avec prudence dans le labyrinthe
insensé de mes pensées
J'hiberne dans le tourbillon
de mes déterminations éphémères.

Je noue et dénoue ainsi
des projets et des fugues
Je tisse et détisse
des décisions irrémédiables
Je tais, je tue des rages
froides
imbéciles

J'impose des silences
pour laisser à des rêves opaques
l'espace d'un réveil

Pendant que des sueurs fébriles
inondent mon dos
Je me cherche en toi que
Je rejette et me trouve
plus blessé encore plus noyé

Car
Je découvre plus ébahi chaque fois
que tu n'entends rien
de mes silences.

Nous venons de pays différents

Nous nous perdons
et nous rencontrons
le plus souvent
aux portes closes de nos inconscients
et là
commence un abîme rouge et noir
Nous n'osons plus croire que le chemin
du cosmos
pour un envol libre et fou
passe par là
Nos peurs étranglent ainsi le ciel
car nous venons de pays différents
Nos enfances gloutonnes et lointaines
crient
en des lieux déchirés,
séparés par des nuits d'interrogations
et de méconnaissances
Combien d'angoisse faut-il détruire
pour un sourire
pour une larme
combien de violence et de froid
faut-il traverser
pour une caresse
une tendresse
pour un abandon

Il faudrait arrêter le temps
ouvrir un trou dedans
pour s'y blottir

Fécondation

et faire naître ainsi

un espace nouveau

à la mesure du présent.

Il est des voyants aveugles

Au temps de mon amour
le plus lumineux
j'étais un chevalier étincelant
pourfendeur de dragons
quichotte des obstacles les plus imprévus
magicien de projets
inventeur de rêves
et donneur de présent
Je fus aussi chercheur scaphandrier
voleur impitoyable du temps
prince offrant des royaumes de tendresse
mais mendiant la vie qui se dérobait
quand je voulais te l'offrir
Je fus un guérisseur saturé de souffrances
à soulager
tisserand d'émerveillements
funambule du cœur
musicien éperdu de concerts flamboyants
et surtout architecte d'un amour
ciselé à ta mesure

Comme artisan de vie
j'ai aplani bien des errances

mais j'avais un grand manque
lacune impardonnable
je ne savais pas rire de moi

pas encore.

Égarements

Comme si
tout se déchirait
pour mieux s'accomplir en quelque obscur
dessein

tu te cherches
et tu me perds
pour accomplir ta quête

je choisis le silence
et mon sourire est une invite à poursuivre
ma main proche
sait le rond de ton épaule absente

mais le goût des jours a changé
l'air a des odeurs fanées
le rire des enfants se perd plus vite
ou se prolonge en sanglots
les matins ne s'ouvrent plus
les signes s'absentent

tu me cherches
et tu te perds.

comme si...

Tes yeux regard

Tes yeux lumière
agrandissent le temps
l'espace en est plus ample
la respiration en est plus douce

Tes yeux miracle
dénouent
les silences
et ouvrent
les distances

Tes yeux d'inquiétude
rétrécissent la vie
le temps morcelé
cherche des distances

la vie
la vie
et se perd
en attente

Tes yeux sont mes yeux.

Languitude

J'ai retrouvé ce soir
le langage oublié
du midi
de mon enfance
je me languis de toi
et ma gorge-silence
avale l'amertume des mots

J'ai laissé ce soir
la nostalgie insipide
ses chemins d'exil
prendre ta place
je me languis de toi

J'ai perdu ce soir
l'insouciance de mes aveuglements
et les rires de mes étonnements
je me languis de toi

J'ai laissé ce soir
se trahir ma jeunesse
en refusant
un reste d'espoir
pour un peu plus de peur
à me languir de toi.

Compréhension perdue

L'inaccessible soif
d'un regard perdu
le silence crié
dans une parole muette
la douleur déchirure
pour une plainte tue
j'ai entendu

L'écoute interdite
dans une lassitude
inquiète
J'ai toujours su
ta solitude ouverte
aux cris de l'imaginaire
dévoreurs de présence

J'ai toujours su
ta souffrance niée
à la déchirure des absences
les blessures cachées
par où s'écoulaient
les trop-pleins d'amour

J'ai toujours su
tes combats invisibles
où se perdaient les possibles
et se brisaient les futurs
en défaites attendues.

Par mille signes

Je laisse par mille signes
en appels silencieux
des traînées de sang
à les piétiner
sans les voir
tu construis ton sommeil
et ses peurs

Et si un jour la médiocrité
triomphante
révélait les laideurs intérieures
celles qui taraudent à même la vie
les racines d'un être

Que ne suis-je le seul gardien
de mon unique
folie
à t'aimer.

Entre vide et néant

Je t'ai offert tous mes amis
je t'ai donné
mes temps de clarté
et d'ombrages

ma fidélité est une pluie d'avril
soudaine
éphémère

               toujours présente

ma tendresse souterraine
renouvelée
coule au plus secret de toi
en des soleils cachés
immobilisés d'espoirs

               pour que tu naisses enfin
             il faut oublier tout cela
retrouver l'amertume des solitudes vaines

il y a certainement des déserts à traverser
il y a des folies brûlantes à rencontrer
et des peines aux blessures insondables
il y a l'inconnu des peurs
il y a les interrogations du regret
mais
Quand le temps s'étire à se briser
le silence oscille entre vide
et néant.

Tu es partie

Tu es partie à la recherche de tes racines
pour retrouver les sources lointaines
de tes souffrances anciennes
de tes espoirs trompés

Tu es partie à la recherche de tes raisons d'être
et tu rencontres les fils secrets
de tes désirs
de tes non-désirs

Tu es en route
vers des émerveillements à venir
et des angoisses aussi
plus difficiles encore que toutes celles connues

Tu es en marche vers des rencontres

        Tu es déjà bien plus
        que toi-même
        et je suis plein
        de tout cela.

Ressemblance

Tu ne ressembles à personne
sinon à toi
sinon en toi

Tu ne ressembles
ni à mes rêves
ni à mes espoirs
simplement à tout
ce que tu peux être
Sois-le
pour toi.

Bonjour toi

Bonjour tes yeux
Bonjour ta bouche
et ta peau
et ton sourire
Bonjour ta douceur
ta chaleur
Bonjour tes mains
tes seins
ton ventre lisse
Bonjour ton regard
Bonjour ta vie
Bonjour ton oreille

Bonjour tout toi
mon amour
Bonjour
Bonjour ce soir
Bonjour hier
Bonjour demain
bien sûr
Bonjour avant
après.

Avec le soir

Oui
c'est un amour difficile
que le nôtre
confronté
aux renoncements
si fragiles des certitudes anciennes

Oui c'est un amour
blessé et vulnérable
meurtri dans les attentes du rêve
traqué au quotidien du réel
éprouvé par l'inconstance
du merveilleux
trop éparpillé dans le fugace

      Oui c'est un amour
      violenté par les malentendus
qui grèvent les rencontres
      trop déchiré dans les désespoirs qui hurlent
      maltraité
      aux incompréhensions répétées

      Oui c'est un amour réel
que le nôtre
attaché à l'imprévisible
illuminé
par un plaisir à naître

C'est notre amour
à créer sans cesse
à préserver de l'usure
à sauver d'une infinie tristesse
venue avec le soir

C'est un amour exigeant
qui nous dévore lentement.

Absences

Que dire en deçà
au-delà
de mon amour
qui ne soit déjà dit

Alors
Je te serre très fort
avec l'espoir de t'ouvrir
au meilleur de moi
Je t'embrasse pour toi
trace infime au plus fragile des distances
Je laisse un peu de chaleur ici
pour moi aussi
un peu d'odeur
pour l'absence

Et là encore
au tout près de toi
un peu de ma vie

Pour les retrouvailles.

Si tu savais

Si tu savais toute la vie ouverte
Si tu savais les regards chauds
Si tu savais les rires fluides
Si tu savais le temps perdu
            et les pleurs d'un oiseau
Si tu savais le plaisir éperdu
            dans une perle d'eau
Si tu savais la violence à être
            dans un adulte à naître
Si tu savais le mal de ton absence
            dans l'oubli d'un geste inutile
Si tu savais mon existence
            Si futile sans toi
            Si tu savais le chemin
            vers toi
alors
            nous serions
            moi
            la rencontre de toi
et toi
la rencontre de moi.

Lettre éperdue

Ce soir je te le dis comme une caresse offerte
portée sur cette page blanche
        les mots sont des cailloux blancs
        repères à mes tâtonnements
        ils n'en sont pas le chemin
Tu me l'as dit en riant
et je te le confirme gravement
Non je ne suis pas un martyr incompris
Je suis un homme en difficulté
à la recherche de sa compagne
Un homme en quête de partage
        Je me veux le plus souvent
        présent à ta présence
        libéré de mes propres angoisses
désespérément ouvert à tes interrogations
Je sens combien notre route est heurtée
obscure
labyrinthique
Tout ce cheminement à inventer
et combien mes réponses sont ombreuses
mon écoute fugace
Je nous éloigne
je nous croise
je nous déchire
je nous nie
je nous recherche
        et parfois je nous rencontre
lumière éphémère
porteuse d'été
Ce soir j'entends très fort ton existence
la mienne te chante des promesses d'accord.

Déclaration des Droits de l'Homme et de la Femme à l'Amour

Te rencontrer
sans te réduire
Te désirer
sans te posséder
T'aimer
sans t'envahir
Te dire
sans me trahir
Te garder
sans te dévorer
T'agrandir
sans te perdre
T'accompagner
sans te guider
Et être ainsi moi-même
au plus secret de toi.

Amourance

Même si mon amour est dérisoire
même s'il paraît incertain
et semble maladroit
même s'il est silencieux
et parfois triste
même s'il cache mes enthousiasmes
et détourne mes mots
C'est le mien
le seul que je puisse jamais
t'offrir
car je t'aime
pour toi.

L'abondance

J'attends beaucoup de toi

>> ta présence vitale
>> ton accueil limpide
>> le trop-plein de
>>>> gestes inespérés

J'attends trop de toi

>> mon angoisse apaisée
>> ma fatigue lavée
>> ma respiration plus
>>>> ouverte

J'attends l'impossible de toi
>> l'écoute attentive
>> l'élan reçu
>> la tendresse offerte
>> avant même la demande

J'attends plus que l'attente
>> l'abondance
>> de l'abandon à ma douceur
>>>> tâtonnante.

Présence

Tu es là
        si proche à mon attente
        si lointaine à mon désir
Tu es là
        lumineuse en mon souvenir
        ombreuse à mon incertitude
Tu n'es plus là
        déjà perdue dans mes rêves
        en partance vers mon oubli
Je serai là

        pour te recevoir sans te blesser
        pour te rejoindre sans me perdre
        Il m'arrive d'être
        déjà là
        bien avant mon arrivée.

Cafard

Parfois je pleure de ne plus savoir rêver
sur une seule de tes paroles
sur les projets impossibles
Je pleure le désenchantement
Larmes des regrets
au goût d'espoirs fous
impansables
Sel déposé
sur le temps perdu
Amertumes
des sillons gris
Sur tant de bonheurs gâchés
instants avortés
aux désirs

Mais je ne pleure plus
sur les révoltes vaines
sur le non-amour.

Un jour

Un jour
il y aura plein
        de tendresses ensoleillées
        dans les moissons
        de nos rencontres.

Il y aura plein
        de désirs étonnés
dans les vendanges
        de ton corps
et cela même
        surprendra
tous mes souvenirs.

Un jour
il y aura tant
        de plaisirs cueillis
        dans les fêtes
        de nos abandons
que j'en ris
        par avance
et m'élance plus proche
à l'accueil de tes bras.

Le ciel de tes yeux

Le ciel de tes yeux
est plus grave
quelques parcelles d'amour en dérives
s'y promènent entre deux vies
au plus profond de ma confiance
tu es là
au plus enfoui de mes appels
multiples
tu es là

imprévisible
tu es là

enthousiaste
tu es là

ruisselante
tu es là

étonnée
tu es là

semblable
et différente
à mes regrets
tu es là.

Exigence

Tu voulais tout
même ce que je n'avais pas
ou ne pouvais donner

Tu prenais tout
même l'inaccessible
Tu exigeais le passé et le futur
négligeant le présent
Il y avait de l'impitoyable en toi
un aveuglement ravageur
une volonté tenace
un sens aigu de la faille
une avidité à la destruction
une boulimie à la plainte
Un plaisir aux reproches

Il aurait mieux valu me tuer
plus ouvertement
plus définitivement.

Ma violence nue

Mon agressivité
ma violence
tentative désespérée d'échapper
à la souffrance
protection dérisoire
plus douloureuse
que la douleur protégée

Mon agressivité
ma violence
signal rouge
ultimatum à mes appels
bouée refuge
refus de mes acceptations

Mon agressivité
ma violence
de tendresse brisée
en espoirs saccagés
au gâchis des répétitions

Mon agressivité
ma violence
des cris de silence
dans une douceur vagissante.

Pause

Ma tête éparpillée
immobilise mes pensées
sur ton seul nom
Evocation
écueil
à me laisser aller
m'endormir à jamais
laisser couler
le manque de vie

sans me reprendre

sans espérer à nouveau

Je suis las de tant de souffrances vaines
je ne savais pas le difficile piège
à te laisser partir
Même une bête peut hurler
pour dire et se soulager
de la violence
face à l'incompréhensible

Où sont les repères
dans l'absence douteuse
dans le manque de certitudes
La désespérance se morcelle
au noir des attentes grises

sans racines
la tendresse se flétrit
Il faut donc descendre encore
au plus profond.

Aumône

En mendiant un sourire
une étreinte
un regard
dont l'amertume
                fera resurgir plus encore
                le besoin

En quêtant le silence
d'un peu d'apaisement
En criant
Ne me détruis pas trop vite
Aime-moi un peu
pour tout ce que j'ai encore
à être

En apaisant ma tête
de pensées raisonnantes
pour oublier mon ventre déchiqueté
en émotions éclatées
Je survis
entre deux attentes
broyées.

Anniversaire

J'ai vécu ce miracle
de recevoir quarante roses
rouges
au seuil de mes quarante ans
Quarante roses rouges
Quatre cents épines
Quatre mille pétales
Quarante mille cris
Quatre cent mille tentatives d'être
Quatre millions de promesses
Quarante millions de sourires
Quatre cents millions de cicatrices
Quatre milliards de regards
je ne sais plus compter les élans à venir
          pour quatre vies peut-être
          pour un passé d'espoirs
pour un présent d'attentes
pour un futur à dévorer.
et ma rage fervente à réciter Claudel

> *il n'y a que la rose*
> *pour exprimer la fragilité*
> *de l'éternité.*

Survivance

Loin ou proche
de toi
je vis en exil
Je survis entre deux regards
j'avance entre deux gestes
au balancier de ta tendresse
je rêve ta présence
à trop la désirer
Je la perds
à trop la rêver
Je l'épouvante
de mes attentes

T'ai-je trop imaginée
pour ne plus te voir si proche
T'ai-je trop déchirée
de t'avoir inventée
si vivante
T'ai-je trop demandé
pour hâter ta fuite
T'ai-je trop déçue
ou désespérée
pour que je me détruise
à te chercher
à t'exiger
présente.

Rêve éveillé

Peut-être vas-tu surgir
de l'immédiat
Te jeter dans mes bras
inondée de présence

Peut-être vas-tu rire
de mes démons
rejeter mes fantasmes
et dans un sourire
me soulager
m'ouvrir
me laver de mes doutes
m'agrandir
me rendre libre
Peut-être vas-tu m'emporter
illuminer le soleil
habiter le silence
redonner du goût aux apparences
déshabiller l'inexistence
ouvrir le sexe de la vie
Peut-être
ne suis-je pas éveillé...

Cancer

Impatience
exigence
frustration
tous les cancers de la tendresse
sont là
Attentes trop vivaces
égarées
désirs dans la violence
des demandes

Car le temps à être
le temps à naître
ne se reconstruit jamais
sur les ruines
de l'impatience.

Je demande

Tu le sais
je ne demande rien
et rien
c'est déjà trop

Il y a de l'imprévisible
de l'inespéré
dans un rien
Il y a toutes les passions tues
les attentes vaines,
Il y a des révoltes séculaires
qui s'enflamment dans un rien
pour un rien

Rien
je ne demande rien
et bien sûr
c'est encore beaucoup trop

Oui c'est trop de ne rien demander
comment est mon regard
comment est le tien
pour un rien
qui se dit
pour un rien
qui se perd
malgré lui
contre un rien
murmurant

Je ne demande rien
rien du tout

mais tout
ce n'est pas rien.

« Mon amour
il y en a beaucoup en moi
pour me tenir compagnie
Il est tout gonflé
Quand je le sens
il me donne parfois
envie de pleurer. »

Clara

Tempête

Ma lumineuse
n'achève pas ton cri à
l'ouverture
de ma tendresse
Laisse s'ouvrir cette béance
et s'écouler tout le manque
Tu sais bien qu'on ne croît
qu'à l'amour
où dans le ruissellement
des offrandes
se livre l'abandon

Tu as ma merveilleuse
ce goût d'infini
par où l'essentiel
m'accueille.

Cheminement

En des mots silencieux
je tâtonne vers toi

                                    avoir

l'air grave pour une joie secrète
sur le navire fragile des émotions
la malice d'un clin de soleil
jouant sur ton cou

                                    dire

la lueur d'une chandelle allumée pour toi
une chanson ouverte vers nous
un peu de musique déposée en repère
quelques caresses offertes

                                    perdre

le temps noir
aux heures chaque fois
plus rétrécies
avec la souffrance rappelée
l'espace s'étrangle à tous les désespoirs
les non-dits figent les masques
et glacent les rencontres
tu me retiens pourtant avec ta main

                                    retenir

élan de vie donné à un autre
et puis me perds dans un soupir
en attentes vaines
je m'éloigne de toi
étonné de ne plus me reconnaître
je croyais tellement être.

Géode

Pour une pierre
agate de lune

perle d'eau
oubliée au cœur d'un très vieux
cataclysme

Pour une pierre
retrouvée
un instant
partagée
à deux
par l'innocence des désirs

Pour une pierre
éclat de solitude
traversée des lumières encloses
aux millénaires
des oublis

goutte de lumière
unique
nourrie d'inexistence
aujourd'hui révélée

Témoin
scintillant
pierre signe
à la parole unique.

C'est fini

C'est fini voudrait dire
c'est fini de déchirer
la dentelle fragile
de nos désirs
de blesser les élans de nos rencontres
d'aveugler les yeux de l'espoir
d'étouffer les rires en fleurs
C'est fini
de ne plus se comprendre
de déformer les mots
d'oublier des regards
de piétiner les dons
C'est fini
pour tenter de retrouver
une respiration
perdue
des riens essentiels enfouis
sous le carnage des refus
C'est fini
pour retrouver une caresse
à offrir en partage
pour réduire une distance
trop chargée d'attentes
pour rendre la vie légère
C'est fini
d'avoir des demandes vaines
et des réponses écrans
C'est fini ce goût amer
pour le prévisible échouant

C'est fini la nostalgie
de traverser une relation
une relation
sans le plaisir du réciproque
avec une infinie détresse à découvrir
l'inaccessible si proche
C'est fini
pour offrir des possibilités de vie
à d'autres rencontres.

Bien après

Bien après le désespoir
quand
il reste la détresse
la cause importe peu
l'événement s'enfuit
le réel se dilue
aucune explication
ne vaut une consolation
aucune concession
ne remplace un soupir
un apaisement offert
le don d'une présence

La souffrance d'un sourire refusé
reste la plus forte.

Sourire à ma détresse

Tromper mon angoisse
et rire du mauvais rôle
où je n'ai pas le choix

Un peu plus tard seulement
je pourrais me détacher
    désapprendre à aimer

Un peu plus tard
    viendra le retour de l'espoir

Il n'y a pas de dérision à croire
que mon amour n'a pas été vain
pour te permettre d'en vivre un autre

    Je ne savais pas qu'il fallait
    tant d'efforts et de courage
    pour ne pas tuer un amour
    à la violence
    du désespoir.

Aujourd'hui c'est demain

J'accompagne le temps
de notre séparation
avec l'éclat de tes yeux
et le rêve
rêvé d'un geste inachevé
plus porteur
de présence
ouverte

La proximité éclatée
relance un horizon
de possible ferveur

La souffrance s'émousse
aux arêtes du désespoir
se tasse au plus profond
plus diffuse
plus inerte
pour quelque part redevenir angoisse
sous l'assaut des incertitudes
Il faut parfois
se déchirer à nouveau
pour ne pas se briser
tout à fait
dans un sursaut de vie.

Inventiques

Je me laisse parfois aller
à rêver ton amour
à le croire présent
même s'il m'ignore toujours

Je me laisse croire souvent
que chaque tentative
chaque élan nouveau
va renverser
le temps
dénouer
les pièges programmés

Je me laisse encore m'ouvrir
et me fondre
à l'espérance d'un seul geste
invitation bouleversante
un jour nouveau se lève
inventé à chaque instant
et puis le rêve à nouveau se rétrécit
se détruit avant la nuit
en grisaille ténue
seule subsiste une lueur orange
je l'appelle
attente.

Mon amour vie

Mon amour sable
je t'ai perdu
à trop te serrer

A trop m'émerveiller
au miracle de ton grain
je t'ai égaré

Mon amour eau
évaporé
au doux d'un regard

Mon amour feu
aux braises alanguies
sous les cendres bleutées

Mon amour vie
aux couleurs
chantées

Mon amour blé
aux germes
inexplorés

Mon amour toi
je t'ai reconnu
soleil.

Sommeillance

Ton sommeil est une île
oublieuse
aux vagues de mes caresses

Ton sommeil est une étoile
déposée
aux rives d'un jardin de sable

Ton sommeil est une enfance
oubliée
dans une nuit ancienne

Ton sommeil est une source
offrande
sur un ventre refermé

Ton sommeil est une cicatrice
ouverte
aux paupières translucides

Ton sommeil est une oasis
enflammée
au large de mes nuits

Ton sommeil est un regard
au parcours
de mes jours

Ton sommeil est un envol
pour des rêves
d'infini.

La vie en morceaux

Tous ces morceaux de vie
tués au petit matin
par oubli
usés de fatigue
dissous par lassitude
tous les possibles niés
en misérables attentes
tous ces déchirements
inavoués
que le mur est opaque
la distance infinie
et mon cri si lointain

si étonné

éperdu.

Séparance

Tu es si loin
et je suis morcelé
je comprends mieux l'inacceptable
du mot séparé
être distinct
sensations multiples d'être écartelé
parfois c'est le sentiment
béant d'être immense
avec un pôle
un ancrage près de toi
et le reste voguant librement
sur les mille ouvertures de l'espérance-désir
d'autres fois c'est un étranglement
une réduction douloureuse de moi-même
et la ligature des peurs.

je te porte et tu es si absente
ces mains inutiles
je te sens et tu es si inaccessible
cette douleur bête aux bouts des doigts
en creux dans la poitrine
un étau noué
des yeux vides
sans vision aucune
si ce n'est des bribes de souvenirs
des rappels de gestes tendres
au ralenti des silences
issus d'un autre monde

imprévus de douceurs
qui me font basculer dans les larmes
tu es si loin
là où j'étais un tout.

Solidarité perdue

Cette infinie tristesse de
savoir
l'évidence
        nous ne vieillirons pas ensemble
        nous avons perdu le désir de nos élans
et le feu de nos attentes
        nous ne pouvons retrouver
le temps trop fugace
des rencontres ardentes
        alors vient l'espace
de nous séparer
qui déjà nous éloigne
        Nous ne vieillirons plus ensemble
car nous avons renoncé
trop tôt
à rêver ensemble.

À Albert Cohen

Nos douleurs
sont une île déserte
nos tendresses
les vagues d'un océan à inventer
nos rires
les voiliers de la vie
nos cris
la naissance imprévue du plaisir
notre abandon
son envol
nos élans
des soleils aux frémissements
du levant
nos étreintes
la recherche de l'infini
au chemin du ponant
et nous deux
ces nuages mêlés à un peu de pluie.

Inachèvement

A l'aube de mes soucis
au crépuscule de mes interrogations

                                    tu es là

à l'eau de mes pleurs
au sel de mes cris

                                    tu es là

au vent de mes sourires
au flux et aux reflux de mes découvertes

                                    tu es là

aux feux de mes peurs
à l'arc-en-ciel de mes regards

                                    tu es là

aux soirs de nostalgie
aux fulgurances des regrets

                                    tu es là

aux nuits de mes désirs
au soleil des étonnements

                                    tu es là
                                    toujours

et moi
je reste sans cesse inachevé.

La solitude est une île volante

Je voudrais ta solitude habitée
par l'éblouissement des possibles
les mille signes de ma présence
seraient le levain
de ma tendresse

mon attente de toi
me porte vers ce que tu seras
ma maladresse à te le dire
une porte ouverte
sur l'infini

je ne suis plus ce soupir
inquiet
tâtonnant à ta présence
j'ai le goût profond
de ce qui est offert sans demande
à l'émotion inouïe
de l'imprévu
j'ajoute
l'attente comblée
je chante
la liberté
retrouvée.

Passion-amant

Ce n'est pas une maladie
non
c'est le constat d'une sainte folie
d'un mal étrange
et doux
qui nous fait nous attacher sans mesure
profondément
longuement
et durablement
à l'être
peut-être le plus absurde.
ou le moins préparé à notre amour

et qu'importe
ce qui compte
ce sont les mouvements
du cœur
blessé ou réinventé
du corps
souffrant ou riant
l'alchimie secrète
des émotions
les emportements
d'une croyance
plus forte
que l'évidence des jours
la passion tenace
vivante

porteuse
d'une mémoire grande
ouverte
sur les enchantements.

Langages

Ton geste crée le mien
et
l'intention révélée
au-delà des plus secrets espoirs
resplendit lumineuse

tumultueuse
ton attente certaine
amplifie le don
où se tiennent
et
se lisent
les transparences de l'accord
à naître

ouvreuse d'ombres
tu es là
chaîne offrande
pour des liens cachés
dans l'or du silence
un geste agrandi
sur trop de distances
un regard inachevé
pour conclure une vie
j'ai plusieurs langages pour te dire
et ne pas te dire
je t'aime

à m'inventer
pour chaque rencontre
je te découvre
enfin.

La vie en soi

La vie n'est pas ailleurs
ni chez l'autre
ni avant
ni après
ni trop tôt
ni trop tard
elle est en toi
elle est là
vivante
dans la palpitation
du présent
dans l'élan du moment
elle source de partout
en toi
elle coule seulement
là
où il y a une ouverture
un chemin
possible pour elle.

Avec des mots

Avec des mots trouvés
　　　　je t'ai inventée
Avec des mots inventés
　　　　je t'ai éloignée
Avec des mots éloignés
　　　　je t'ai approchée
Avec des mots approches
　　　　je t'ai aimée
Avec des mots aimés
　　　　je t'ai caressée
Avec des mots caresses
　　　　je t'ai retrouvée

　　　　et puis un jour
　　　　sans un mot
　　　　je t'ai perdue
　　　　A jamais.

C'est une histoire

Mais enfin
c'est une histoire
entre moi et moi
entre tous les moi
qui voyagent en moi
depuis bien avant
ma naissance
c'est une histoire
où je m'égarais
en toi
croyant me trouver
et me perdant
à te chercher.

Ode à un rêve perdu

J'avais rêvé souvent
j'avais imaginé
que nous resterions longtemps
longtemps ensemble

J'avais rêvé de partages
et d'abandons joyeux
de voyages et de découvertes

J'avais rêvé de maison
ouverte sur l'imprévisible du temps
de jardins et de marchés en fête

J'avais rêvé de plantations
de coins secrets
d'arbres uniques
aux sens connus de nous seuls

J'avais rêvé aussi d'échanges
et de partages au plus intime comme
au plus libre.

J'avais rêvé de vieillir ensemble
c'est à dire de cheminer
chacun respectant le rythme de l'autre

Oui j'avais rêvé ce rêve
avec toi
mais j'étais le seul à l'avoir rêvé.

Toi
mon infinitude

I

Toi
mon désir île
ma femme vent
ma brisure sel
ma nostalgie sable

II

Toi
mon désir racine
mon regard présence
ma main silence
mon sexe étoile

III

Toi
mon désir germe
mon évidence chair
mon instant clair
mon innocence flamme

IV

Toi
mon désir pollen
mon plaisir miel
ma tendresse abeille
ma folie soleil

V

Toi
mon désir gerbe
mes jambes lierre
mon rire ciel
mon abandon lumière

VI

Toi
mon désir fleuve
ma passion fleur
mes élans terre
mon attente bleue

VII

Toi
mon désir tout
ma caresse océan
ma douceur horizon
ma certitude toi

Je t'aime

Le verbe toi

Un verbe très rare
le seul verbe
avec le verbe aimer
à utiliser au présent
Tu es aimée

Face aux risques du temps
il sème des révoltes
et j'appelle tous ceux
qui se disent amants
à conjuguer ce verbe
seulement au présent.

Tu es venue

En des temps plus anciens
j'avais bien sûr
le cœur innombrable
et la fidélité multiple
Je te CHERCHAIS
en aveugle
au malhabile
de mes étreintes
Je t'ATTENDAIS
aux rives de mes voyages
Je t'APPELAIS
aux risques de mes errances
Car je te SAVAIS
bien avant ma naissance d'homme
          présente
          infinie
          unique
TU ES VENUE.

Tel un aveugle

Tel un aveugle
je suis sorti de la nuit
en allant seulement
vers le soleil de ton regard

Pour me rejoindre
enfin
à l'infini
de mes possibles

Maintenant je le sais
même en exil de toi
j'habite le bleu de tes yeux
et vois par leur clarté.

Naissance

Enfin
je ne te cherche plus
je ne t'attends plus
puisque tu es en moi
portée
bercée
retrouvée
        au plus profond

Que d'années pour accepter
cette évidence
de toi

        Je n'ai pas choisi
        d'espérer
        seulement te recevoir.

Toi aimée

Tu es un ciel
à l'horizon bleuté
couleur de mes pensées

Tu es une terre
plus vaste que l'espace
jailli de mon été

Tu es une vie
plus douce qu'une offrande
à mes paysages révélés

Tu es un océan
entre deux oasis
préservées du désert

Tu es
et tu sais combien
tu es déjà dans ce tu
l'aube d'un verbe qui se tait
pour mieux se vivre éclaté

Et je deviens
ainsi
plus ignorant de moi
et plus savant de toi.

À la souventième
fois de mes
je t'aime
je n'ai pas renoncé

Je T'aime.

À la cime du ciel

Entre oubli
et enfance
j'ai engrangé ma vie

Entre étoiles
et désastres
j'ai navigué longtemps

Entre cris
et silences
je me suis égaré

Entre peurs
et espoirs
je me suis entendu

Entre neige
et printemps
j'ai laissé mes écorces

Puis tu m'as accosté
à la cime du ciel
météorite d'azur
et je suis devenu
cette saison de toi
aux couleurs du futur.

Pour mille ans encore

À chaque fois
les corps de nos rencontres
s'ouvraient larges et profonds
dans la barque alanguie du ciel

Émerveillé
sans retenu
je plongeais
sans un mot
dans le limon humide de tes abandons
pour ressurgir
flèche et arc
tendu dans un seul cri
encore
encore

Ma main témoin
épelant ta présence
pour te rejoindre
plus fort
plus loin
encore
au noyau du désir

Ton offrande première
illuminait mon dos
en un soleil aigu
échappé au chaos

Je sanglotais parfois
aux vibrations
de tous mes sens réveillés

Ainsi
à chaque rencontre
renaissait le monde
pour mille ans
encore.

Je vous parle d'un amour

Il faut tenter de vivre
dans la séparation
de toi
et me multiplier au partage
des heures noires
pour t'atteindre encore

Il faut tenter de vivre
dans l'abandon
de moi
et m'inventer unique
au-delà de tous mes doutes
pour me garder entier

Ton corps toujours me porte
je me délie
en toi
et c'est le chant des jours
dans la vague
du temps

Je vous parle d'un amour
échappé à l'hiver
dans la fragilité
d'un été à venir.

Le temps devient nous

Quand le temps devient
Nous
Au fugace moment
Où abolit
L'instant

Vient
L'élan irrésistible
Qui nous porte à
Plus d'inaccessible.

Oui
j'ai décidé
d'occuper à plein temps
l'infini de toi.

Aux bourgeons des étoiles

Avec ce goût d'éternité
aux rires du plaisir
aux germes des étoiles
j'ai laissé naître mon regard

Dans le matin des sources
j'ai semé ta présence

À l'étonnement retrouvé
j'ai rejoint ton odeur

Sous l'écorce du bouleau
j'ai laissé ma sève

Dans une graine d'eucalyptus
j'ai tenté de te répandre

Avec ce goût d'éternité
aux germes du désir
aux bourgeons des étoiles
j'ai reconnu notre rencontre.

Comme une saison nouvelle
les pays de la femme

En peignant
sur ma peau
des rivières
de neige bleue
tu as multiplié
mes regards
et nacré
mes désirs de promesses

En apprivoisant
de tes mains
mes rêves
les plus fragiles
tu as inventé
plus qu'une terre
tu as ouvert un horizon
une saison nouvelle

En ouvrant
dans ton ventre
l'eau si rare
des oasis
tu m'as dévoilé
les pays de la femme
enfantés dans
les sables secrets du désir.

En recevant
dans ton soleil
mes ardeurs pudiques
tu m'as révélé
mes continents en dérive
sous le désert
affamé
de mes errances

Et tu restes
une saison nouvelle
et moi
un blé à moissonner
dans un pays
à retrouver

Avec le corps en désirance

Avec le corps
en désirance
j'ai traversé
toutes mes vies
pour atteindre de toi
à jamais
la seule aimance.

Ma vie tel un éclat de rire
ciselé
au plaisir
de toi
et toi
une main ouverte
vendangeant
les désirs
de toutes mes saisons.

Pour oser ta transparence

Pour te dire
je choisis des mots
en leur versant futur

Toutes les étoiles de ton corps
pour reconnaître le mien

Toutes les offrandes de ton ventre
pour accéder à ma naissance

Toutes les fleurs de tes caresses
pour accueillir ma tendresse

Tous les diamants de tes yeux
pour illuminer nos rencontres

Toute la ferveur de mon regard
pour oser ta transparence.

À qui m'a reçu

J'ai bercé ce plus
de toi
longtemps enseveli
sous les peurs du désir

J'ai délivré ce plus
de moi
par reconnaissance éperdue
de toi
qui m'as reçu
sans rien me demander

J'ai prolongé ce plus
de vie
ensemencé aux émois
des rencontres.

... Et dire quand même
Tout ce qui peut s'exprimer
Hors des mots
      le Silence surtout
      dans ses Ardeurs extrêmes
           ou
      le Plaisir encore
      dans l'abandon Suprême.

Dis-moi qui tu es

Dis-moi qui tu es
        dit le SILENCE
Je suis l'étonnement
aux miracles inachevés d'un regard

Dis-moi qui tu es
        dit le REGARD
Je suis la faim
inconsolée à l'attente d'un rire

Dis-moi qui tu es
        dit le RIRE
Je suis vibrations
aux germes impatients de la vie

Dis-moi qui tu es
        dit la VIE
Je suis violence
dans l'inextinguible cri du désir à venir

Dis-moi qui tu es
        dit le DÉSIR
Je suis la porte ouverte
à l'arc-en-ciel des possibles

Dis-moi qui tu es
        dit le POSSIBLE
Je suis la couleur impalpable
de l'ombre accordée à ta lumière

Dis-moi qui tu es
        dit CELLE qui m'aime
        dans le silence de ton regard
        dans les rires de ta vie
        dans le désir de tes possibles

L'homme que j'étais à cet instant
ne sut que balbutier
Je suis un trop-plein d'avenir
dans un instant d'éternité.

À la souvenance de toi

Tu as fait de ton ventre
un rêve à ciel ouvert
ma Ruisselante
Au pistil du secret
j'ai bu la nacre chaude
jaillie en offrande
de l'infinie réponse

De larmes douces
et d'orgasmes noyés
mon Amourante
tu navigues au grand large
sur le voilier immense
de mes bras
étoilés

Radieuse inconnue
au regard bleu des soifs
ma Découvrance
tu dénoues la ronde éblouie
où s'aveugle la nuit
tu égares le ciel
et l'aurore incertaine

Puis l'abîme joyeux
m'accueille surpris
ma Souvenance
quand mon corps devenu cri
balbutie éperdu

les premiers mots
du monde
je m'aime
de t'aimer.

Semeuse d'étreintes

Semeuse
d'étreintes
infiniment ouverte
sous la rosée ambrée
de tes seins
se noue l'invisible
lien

Désireuse
d'absolu
tu ruisselles
et ton appel inespéré
me tient
plus éveillé
immensément vivant

Silencieuse
tu tisses les mots
en caresses subtiles
apaisant
toutes les injustices
inoubliées
de mon enfance

Amoureuse
ciselée aux risques
de l'amour
je t'aime
de tous mes désirs
et plus encore
de toute ma désirance.

À l'emporte-cœur

À l'emporte-cœur
de nos rencontres
se déploient les fastes
inexplorés
de la vie offerte

Bien avant les mots
s'offre ton sourire

Bien avant tes baisers
je reçois ton abandon

Et c'est ainsi que je m'élance
bien avant ta venue
à l'emporte-désir
de mes mains-rires
vers ce qui fut toi
et plus encore
Vers qui tu deviendras.

À nos enlacements
toutes les soifs s'achèvent

Entre l'eau du ciel
et la soif de la terre
tu sais dire
ton corps

Entre l'éclat du soleil
et le don de ta peau
tu sais vivre
l'offrande

Entre l'étreinte du soir
et le mirage du matin
tu sais rire
la nuit

Entre l'attente du plaisir
et la rencontre du désir
tu sais ouvrir
ma vie
sur l'abondance.

Je suis dans ton amour
tout moi
et plus encore

Aux racines
de ta tendresse
se mêle
l'odeur de mes enfances

Aux germes
de tes abandons
s'amplifie
mon histoire

Aux pousses
de tes possibles
se ramifie
l'imperfectible soif

Aux fleurs
de tes désirs
s'inventent
mes paysages

Aux fruits
de nos rencontres
s'incarne
le présent vivace

Au pollen
de ton futur
se multiplient
mes attentes

A la pulpe
du temps
se distille
en secret
le rire des saisons

Au goutte-à-goutte
de la vie
se nourrit
sans fin
la faim d'une rencontre

Et aujourd'hui encore
le ciel s'ouvre plus rond
pour recevoir notre plaisir
et agrandir notre amour
dans la courbe moirée
de l'infini.

Quand ton envie de moi
est une offrande
j'accueille enfin
tous mes désirs.

Par des années-lumière de bonheur

Si

On pouvait lire
sous les pétales de la vie
jusqu'au pistil du cœur
On y déchiffrerait
un ciel ébloui
des horizons étonnés
des soleils en partance
l'enfantement du monde
les bras de la mer
berçant l'inattendu
On y découvrirait
notre rencontre aussi

On y retrouverait inscrites
en larmes de rosée
des promesses d'amour
et le germe attentif des possibles
On y entendrait surtout l'onde ourlée
de mes désirs
déposés en attente
dans l'infini
d'un temps
vierge de toute demande

On y lirait enfin
toi et moi
reliés
par des années-lumière
de bonheur
car l'avenir
d'un amour
vient de plus loin
que nous.

Cet espace inespéré

Avoir encore le regard fertile
pour féconder toujours
l'énergie
de cet espace
inespéré
entre ciel et étoiles
et te reconnaître soleil
au plus proche de moi.

Moussonnante
tu germes tous mes désirs

J'aime ta main-lumière
porteuse de désir
scintillement
offert à l'apnée de ma vie
prière muette
langage sacré
inscrits
au plus enfoui

Amarrés
aux îles de la nuit
entre plaisir et abandon
nos corps inassouvis
et toujours flamboyants
s'étirent jusqu'à
l'aube du ciel

Et toi
ma ruisselante
mon aurore lointaine
ma mousson infinie
d'amour ensemencée
tu refermes tes bras
pour me garder plus entier.

Dans la fête de toi

Quand tu es toute fête
    de désirs fous
    à mordre partout

Quand le silence même
    s'immobilise
    pour t'accueillir

Quand ton cri se retient
    orage enfermé
    au plus vif de ta chair

Quand tu t'égares
    soudain
    dans la faim de l'ardeur

Quand ton regard enfin
    éclaire doux
    toutes mes ombres

Alors je cesse de te répandre
    aux horizons de mes errances
    et de me perdre sans fin
    à rechercher ma liberté

Je te garde unique
    et réunis d'un seul présent
    toutes les promesses
    d'un bonheur accepté.

Je voyage
dans les années-lumière de toi

De quelle eau-de-vie
es-tu ivresse
pour enchanter l'avenir

De quel miel
es-tu lumière
pour illuminer la nuit

De quelle tendresse
es-tu présence
pour me donner à l'infini

De quel plaisir
es-tu cri
pour étonner mes rires

De quelle confiance
es-tu née
pour éluder mes doutes

De quelle pluie
es-tu eau
pour germer l'impossible

De quel feu
es-tu flamme
pour brûler mes
            impatiences

De quelle étoile
es-tu venue
pour m'emporter si loin

dans les années-lumière de toi.

J'appartiens
aux pays de ton corps

Esseulé
J'appartiens aux pays
de ton corps
J'ai la mémoire de tes sources
et je sais
l'histoire de tes forêts
J'ai fertilisé
tes vallons
et j'ai cueilli
sur ton figuier
le fruit unique
de tes abandons
Je me suis nourri
au lait de tes vergers
J'ai grandi
jusqu'à toi
      pour engrosser tes vignes
Dans l'amarante des jours
      j'ai laissé naître
sans retenue aucune
l'iris de l'univers
libéré
J'appartiens aux pays
lumineux
de ton corps.

Dans le secret de ma ferveur

Je te dirai
à toi seule je dirai
les murmures de l'attente
aux rives voilées d'ivresse
de mes saisons

Je te dirai
les appels innombrables
des matins opulents
la rosée de ton corps
sertie en diamant

Je te dirai
le bruissement du jour
qui s'unit à la nuit
l'éveil de mes gestes
pour toucher l'indicible

Je te dirai
le feu du désir
au midi de ma faim
et la source et le cri
à l'aube du plaisir

Je te dirai
les appels innombrables
d'une aube incandescente
jaillissante de la nuit
à l'éveil d'un regard

Je te dirai
inondé de présents
à l'immense de toi
enflammée de soleil
dans les rires du ciel

Je te dirai
toi
telle
une soie de l'Orient
miracle échappé
à l'exode du temps.

Apprendre le temps
comme une éternité fragile...

Apprendre le temps
de me dire
pour mieux me rencontrer
        aux échos de toi

Et prendre le temps
de naître
pour mieux exister
        à l'envers de toi

Apprendre le temps
de vivre
pour mieux te rejoindre
        au secret de toi

Et prendre le temps
de l'intimité
pour mieux m'ouvrir
        aux richesses de toi

Apprendre le temps
de t'écouter
pour mieux te recevoir
        aux rythmes de toi

Et prendre le temps
d'un espace
pour trouver ma place
        aux limites de toi

Apprendre le temps
d'une vie
pour mieux l'agrandir
        aux naissances de toi

Et prendre tout ce temps
pour m'accorder
enfin aux arpèges
        de l'instant fugitif.

Tu me disais

Tu me criais
rieuse
dévoile-moi la mer

Tu me chuchotais
rêveuse
dénude-moi l'amour

Tu me murmurais
ombreuse
embrase-moi la nuit

Tu me proposais
lumineuse
caresse-moi le ciel

Tu me soupirais
joyeuse
laisse-moi t'aimer

Tu me disais
sérieuse
invente-moi un enfant

Et moi j'ouvrais
plus loin
l'imaginaire de
tous
mes silences
pour mieux te recevoir.

Ne me demande pas

Demande-moi
toutes les caresses
à inventer

Ose-moi
plus de gestes
insensés

Demande-moi
tous les possibles
et plus encore

Invite-moi
aux abandons
les plus sauvages

Demande-moi
les bleus de tes regards
perdus

Exige-moi
la fleur et la braise
des baisers.

Demande-moi
l'innocence secrète
du rien

Découvre-moi
les sources vives
de l'espoir

Demande-moi
la colère juste
éclatante

Propose-moi
l'inaccessible
du tout

Ne me demande pas
de ne pas demander.

Être aimé

Devenir
cadeau
pour un seul
de tes regards.

Tu sembles habitée
de plus de rêves
que toutes les nuits réunies
        n'en posséderont
        et je poursuis sans trêve
        les ombres et les lumières
        de mes désirs
        pour te rejoindre où tu seras
        Quand je deviens cadeau
        pour un seul de tes regards
Je te sais offrande
sans limite
à nous réunir.

Ma cinquième saison

Tu es
ma cinquième saison
celle qui vient
après toutes les ombres
après toutes les pluies
après toutes les neiges
Tu es
une saison ancienne
ré-ouverte
au plus vif de la vie
Tu es
une saison rubis
où viennent s'incendier
mes regards innocents.
Tu es
une saison étoile
dans l'opale de mes errances
Tu es
le sens toujours
renouvelé
de ma tendresse orange.
Galaxie en voyage
au profond de moi-même
            ô mon unique saison.

Oui
je prendrai
à la terre
l'énergie de ses folies
j'emprunterai à l'univers
le meilleur de ses dons
je traquerai chez chacun
les signes de la vie
pour te dire plus belle
et te faire éternelle.

Ton plaisir un sable doré

Ta tendresse
une île émerveillée
réveillée
à chacun de nos regards

Ta vivance
une mer ourlée
bercée
à chacun de nos désirs

Ton plaisir
un sable doré
affiné
à chacune de nos caresses

Ton amour
un ciel toujours bleu
ouvert
à chacune de nos rencontres.

Vers toi

Mon ourlaimante
Toujours inattendue
tu deviens un jour de volupté
volé à l'immobilité
de nos distances

Tu surgis impatiente
aux heures de la passion
et dans l'équilibre incohérent
du monde
tu montes à l'assaut
de mes tumultes
Ainsi la vie miraculée
trouve enfin sa place

Dans la transparence des corps
s'irisent les caresses
Au plaisir ciselé
s'ajoutent des risques de bonheur
Avec la soie d'une aimance joyeuse
tu tisses l'indicible
échange
Et ma violence offerte
puis apaisée
dénoue les injustices
à venir

Dans le vol d'Icare
le mot de passe
absent

                    vers toi.

En sursis de bonheur

Tu es le mouvement
dans l'offrande des jours
En sursis de bonheur
je me sais périssable

Ma chance d'écriture
se ramifie au verbe tu

Aux remous des élans
je te sais sans me dire
Sur ton ventre de corail
est déposée
l'invitation
au voyage magique
où ma chair et ta chair
se nimbent
d'insolence.

La création du monde

Dans les vallées de tes tendresses
ruissellent mes sources d'être

Dans les semailles de tes abandons
germent mes élans de vie

Dans les forêts de tes mystères
clairièrent tes évidences

Dans les rivières de tes songes
tourbillonnent mes voyages

Dans les ciels de tes rencontres
azurent mes présents

Dans les saisons de ton plaisir
primevèrent mes désirs

Où se dépose ton regard
le monde s'enfante.

Il est des matins

Il est des matins
où le ciel est en creux
tant est pleine
mon attente de toi

Il est des soirs
où les ombres sont en lumière
tant est limpide
mon envie de toi

Il est des heures
où les distances sont vaines
tant est immense
la présence de toi

Il est des jours
où les nuits sont souveraines
tant mes rêves
sont des miroirs de toi.

Être enfanté enfin
par ton amour
tel un océan dans une île
à l'abri du désert
des abandons.

Et dans la mer retrouvée

Plus haut que l'horizon
au germe
des galaxies
je t'ai tenue
Vivante
comme jamais
      Ton désir ébloui
      épuisait sans fin
      ses arpèges
Tu m'inventais
étonnée

Je t'ai rejointe
      au plus ému
réconcilié
Et nous fûmes unis
à l'extrême du ciel
      nautiles étoilés
en dérive d'azur.

Au tout proche de toi
comblé
Il est des moments
　　　d'éternité
　　　qui inventent
　　　l'instant
　　　et se révèlent
　　　futur
　　　dans un rêve
　　　déjà ancien.

Insuffisance

Je n'ai jamais assez de toi
recherchée par mes regards
délivrée par mes doigts
parcourue par mes ciels

Je n'ai jamais trop de toi
éclairée de tes rires
gonflée de tes élans
bercée de tes abandons

Je n'ai jamais trop peu de toi
présente
à mon amour.

À ciseler le temps

À écouter ton corps
       aux murmures
de nos caresses

À enchanter tes cris
       aux sources
de nos abandons

À ciseler le temps
       aux patiences
de nos rencontres

À bercer le devenir
       aux inventions
de nos instants

À agrandir le présent
       aux rythmes
de nos plaisirs

À prolonger le recevoir
       aux invites
de notre tendresse

            Je me rencontre
            et je me sais
            plus entier
            par toi.

Quand
la certitude
de l'immédiate
rencontre
emporte tous mes doutes
je dénoue
tous mes destins
et deviens
innocence.

Viens

Quand tes yeux
deviennent regard
Viens

Quand ta bouche
s'ouvre dans le cri
Viens

Quand tes mains
sont des orages fertiles
Viens

Quand ton corps
roule en vagues lourdes
Viens

Quand ton ventre
jaillit en offrande
Viens

Quand ton plaisir
s'enroule aux plages immobiles
du mien
Viens

Est-ce toi
Est-ce moi
qui le crie

Est-ce toi
est-ce moi
qui l'entends
Je ne sais plus

Je viens.

Contre toute attente

À toutes les attentes
je préfère rêvante
celle de ton regard
     couleur de ciel

À toutes les offrandes
je préfère tentante
celle de ta main
     couleur de miel

À toutes les distances
je préfère présente
celle de ton désir
     couleur soleil.

Je te découvre bonté

Bonté de tes bras noués
à l'abandon de mon dos

Bonté de tes rires de neige
aux rides de mes yeux

Bonté de la fête
où tu m'improvises

Bonté de tes silences
dans l'amour d'un regard

Bonté de ton plaisir
recherché dans mon ventre

Bonté du connu chaque fois
inventé
retrouvé

Bonté de l'univers
qui t'a conduite à moi

Et j'engrange ainsi
du quotidien
dans les mille bonheurs
où te rejoindre.

Nos saisons
ne sont pas les vôtres

À l'automne de nos pleurs taris
naissent blessées les feuilles
alanguies du souvenir

À l'hiver de nos solitudes pleines
germent des passions violentes
aux racines du silence liées

Au printemps de nos regards ouverts
sourcent des approches nouvelles
où la vie étonnée s'invente tenace

À l'été de nos rencontres folles
soleillent des élans d'infinitude
sous d'imprévisibles désirs

La durée de nous
elle
est tissée
d'autres saisons
plus anciennes.

Le temps de toi

Le temps perdu
avant

Toi

Le temps ouvert
par

Toi

Le temps comblé
avec

Toi

le temps désenchanté
après

Toi

le temps de Toi
quand des secondes d'éternité

succèdent au vide de l'espace.

Écoute-toi

Écoute
écoute bien
le chant
du vent
      au creux de tes mains

Écoute
écoute encore
le rire
du soleil
      au creux de tes reins

Écoute, écoute longtemps
la douceur
du ciel

      au creux de notre entente

Écoute
écoute aussi
le temps
de l'eau

      au creux de nos distances

Écoute
écoute loin
le silence
de l'immobile
      au creux de nos chimères

Écoute seulement
au-delà du désir
cette envie

    au plein de la vie.

Ma désirante

À ton corps ébloui
je me dépouille d'être
et dénude mes sens
pour crier
au plus fort
de ton cri

Ton plaisir cascade
inonde les songes
du ciel
il engrange
la nuit
de toutes ses étoiles

Ton appel tourbillon
où s'élance ma vie
tente de s'unir
à la spirale
du temps
enfin réconcilié

À mon corps ébloui
tu offres l'immensité
des jours
apaisés
vivifiés
à jamais.

Dans un soupir d'éternité

Dans la fureur
impitoyable
du temps
je te rencontre
à perdre haleine
Entre attente et futur
j'installe un souffle d'instant
où le désir du maintenant
apprivoise nos mémoires
          en dentelles

Et dans ton corps
sans innocence
je plonge à sexe perdu
pour traverser le fragile
miroir des apparences
          Avec ce soir vers toi
          ma peau désirante
          et mes caresses offrandes
Pour immobiliser
          nos retrouvailles
          dans un soupir d'éternité.

Les minutes ruissellent

De l'abandon
à l'abondance
j'accueille le soyeux de toi

Au goutte-à-goutte
        du plaisir
les minutes ruissellent
J'en retiens les murmures
        perlés
Et quand je t'ai reçue
ma jaillissante
        onde marine
        hors de l'emprise
        du temps
J'ai senti courir
les pieds nus du désir
sur les chemins étonnés
de la tendresse
        souveraine

Et d'abondance
en abandon
mon émouvante
j'engrange plus de vie
dans les rires
        du plaisir.

Ne laisse pas la vie se taire

Contre la vie distraite
je propose
en témoin
une liturgie du regard
et laisse ainsi
jaillir des refus
fatigués
l'amour conquérant
Contre l'usure des sens
je veux laisser jaillir
en espérance
d'une rive
les eaux du plaisir
Devenir vent en dérive
d'horizon
Se réveiller aube en brisure
d'un mot
Se découvrir ferment en offrande
d'un cri

> Surtout
> ne laisse pas la vie
> se taire
>   ou
> se perdre
> en des gestes
>   stériles.

Et mon chemin croise vers l'Ouest

Je suis une île guirlande
au large de tes grands bras soyeux
Mes plages sont des danses
où jamais la mer
du ciel ne sait se reposer

Je suis une île soleil
dans la paume du vent
et mon chemin
navigue vers l'ouest
à la rencontre de toi

Les pays de la femme croisent
souvent
au Ponant de la vie.

Les pays de ton corps
sont devenus ma terre
la plus fertile
Ton accueil
ma patrie préférée
Dans le désir aigu de toi
je suis né plus humain.

J'ai entendu
enfin
que je t'aimais
quand
j'ai décidé
d'occuper à plein temps
l'infini de toi.

Aux feux
de l'aimance

Il y a tant d'indicible dans l'amour
qu'il est urgent de dire le dicible.

Car nul ne sait
jusqu'où ira
l'amour d'un seul regard

Et nul n'apprend
où se perdra
le regard d'un seul amour.

Un ciel en dérive

Et ce matin
au détour d'un regard
peuplé d'éternité
je t'ai vue
inattendue
si présente
Et cette faim de toi
si violente
désir plus que vouloir
don plus que demande
m'a emporté
si loin
Trop vite aussi
aux rives de nos errances
les plus familières

Je reste hors de toi un ciel
en dérive
à la recherche d'une île.

La fidélité ce mouvement vers toi

La fidélité
est toujours en avance
d'un présent
juste
vers l'avenir
et bien trop loin
du futur
Elle est seulement
proche de l'espérance

Qui porte
ton nom.

À chaque instant

A chaque instant
ré-inventons
l'incertitude bleue
des lendemains de nos désirs

Et prolongeons ainsi la vie
dans la lenteur du recevoir.

Un jour d'aimance

Il y a dans le réel
des trous de rêve
où la réalité s'échappe
et se réveille Ciel

Il y a dans tes yeux
des éclats de rire
où la nuit se dissipe
et fait croire aux Étoiles

Il y a dans ta bouche
des surprises multiples
où la vie se danse
et se découvre Éternité

Il y a dans tes mains
des appels sauvages
où mon corps s'agrandit
et se déploie Soleil

Il y a dans tes seins
des vagues océanes
qui portent loin
au large le flux de mes
                    Élans.

Il y a dans ton bonheur
des îles d'infini
qui balisent les voyages
de chacune de nos
                    Rencontres

Il y a dans ton ventre
des vagues amarantes
où mes certitudes s'en-
                    roulent
et deviennent Croyances

Il y a dans ton bonheur
l'émerveillement du Mien.

Puis est venu
le temps de la mémoire

Braise vive
en attente du vent.

Ton nom est un instant

Dans l'ambre de nos amours
hors des espaces connus
vivent des instants
                              bleutés

arrachés à l'oubli
Moments
précieux
comme des larmes de rosée
qui ignorent le temps
        Ton nom est un instant

                        inscrit
            dans mon présent.

J'aime de toi
      jusqu'à cette déchirure
      de la séparation
qui ouvre sur l'attente vivante

J'aime de toi
      jusqu'au dernier regard
      qui dit l'impatience
et la certitude

      Que rien n'est achevé.

Un cri d'espérance
contre la courbe du temps

O toi ma caresse
vive
détachée du soupir des jours
toi ma tendresse
claire
aux larmes du soir
c'est ma vie nue
que tu danses en riant
Écoute-moi juste un instant
oui
il est permis de croire
et d'espérer
J'ai noué le cercle du temps
et dans sa boucle joyeuse
retenu un peu d'infini
tel un cri agrandi
J'ai hurlé
contre les décisions
irrévocables
de se perdre à jamais.

La seule folie possible

À l'immense défi
de toi
j'ai opposé mes sagesses
les plus folles
la détresse du savoir
et ma faim d'absolu

Pour refuser l'amour
et son cortège d'ombres
j'ai résisté longtemps
à l'accueil de ton ventre
Quand mon sexe rieur
a jailli malgré toi
j'ai basculé dans l'insondable
infiniment

Et contre le malheur inévitable
je t'ai proposé
la seule issue possible

Loger plus d'éternité
dans un instant.

À te chercher à nous trouver

Dans toutes mes errances
à te chercher
à nous trouver
il y a des îles de silence
qui parsèment mes doutes
et des ombres fragiles
dans le fracas des jours
il y a des profondeurs marines
pour adoucir les nuits
de grande incertitude
mais toujours

l'étonnement de tes yeux
pour inventer la vie.

À l'aplomb du désir

Pour laisser se labourer
en moi la terre éternelle
des amants innocents
et te bercer encore
au plus bleu de mes nuits

J'ai déposé ma peine
à l'encan des chimères
pour tous ceux qui s'aimèrent
comme nous
en voyants

Pour retrouver mon souffle
au respir
de ton ventre
et le brasier ardent
de tes emportements

J'ai le regard ouvert
à l'envers
de mes sens
quand ma peau te reconnaît
au seul rire de ton corps.
Et le cœur vertical
à l'aplomb du désir
Je vogue immatériel
vers mon être immortel

J'officie
dans le rite le plus ancien
celui d'être en toi.

Tu me fais amour

Pour l'ultime fête
des sens
seul mon sang
retient un son
à deux mesures
celui de nos cœurs
accordés

Et puis vient
l'instant où
je bois ton rire
scintillant
à pleine gorge
à plein élan
à brise-chagrin

Quand ton ivresse-femme
m'inonde
s'arc-en-ciellise
mon corps

Dans le temps tourbillon
des goûts anciens
surgissent
et l'archaïque
odeur du salé
emplit à nouveau
mes oreilles

Là où tu me rejoins
immobile
préservée
dans l'évidence d'être.

Pour retenir l'échéance future

Ô mon aimée
tu le sais
les bonheurs choisissent toujours
les instants les plus fragiles
pour se donner
en entier

Et nous aimants
funambules du plaisir
jouons
à inventer l'éternité
entre rêve et jour
entre absence et présence
entre clair et obscur
entre patience et désespoir
Pour tout cela
et jamais en vain
au vent des impossibles
nous naviguons insatiablement

Sans vague à l'âme
en retenant
de nos seuls souffles
l'échéance future.

Je veux que toi et moi
              osions l'impossible
afin que chacun

          de nous
rencontre l'incroyable.

Avec mes seuls enthousiasmes
je fécondais des miracles
incertains
pour que se prolonge
         hors des usages
         hors des temps
l'étrange attachement

     Que j'éprouvais pour toi
       infiniment.

Dans l'insouciance
tu enfantes ma liberté

Avec toi
ma vie s'est inventée
fertile
dans le chaud des semences
rieuses
elle bondit généreuse
précédant nos caresses
elle quitte le fugitif
approche le vertige
enfante l'insouciance

Avec toi
l'insignifiant se dérobe
à l'éveil de mes sens
Le présent s'agrandit
pour franchir le futur
Et le désir se survit
à chaque extase
accomplie

Avec toi
la détresse se découvre
justice
Elle dérobe
l'instant au chaos
pour en faire
une liberté nouvelle

Et si chaque fois je murmure
encore encore

C'est pour en retenir plus fort
le goût de toi.

Présence

Tu écoutais
tous mes silences
et je reconnaissais
le rire
de tes dons
dans toutes mes offrandes
Tu fécondais
dans l'abondance

Mon exil
et en faisait une patrie.

Le regard fertile

Et si leurs yeux s'ouvraient
jusqu'à te voir
ô mon amour
ils découvriraient
dans la vasque du ciel
les chemins secrets
de tes abandons
et dans l'arrondi des vents
la course échevelée
de nos plaisirs
Ils goûteraient
en des rêves légers
aux fruits de l'espérance
et dans leur corps circulerait
plus librement
l'eau toute l'eau
de nos ancêtres-étoiles
Ils deviendraient l'azur
en sa flambée féconde
et ils enfanteraient
le corps
désirant de l'amour
au plus profond d'eux-mêmes
oui si leurs yeux s'ouvraient
jusqu'à te reconnaître
ô mon amour liberté
Ils auraient
à jamais
le croirais-tu
ô mon amour
le regard fertile.

Tu es une rencontre

Je te sais mystère
à mes étonnements
Je te garde chemin
à mes prolongements
Je te choisis question
à mes interrogations
Je te cherche réponse
à mes égarements
Je t'écoute présence
à mes silences vains
Je t'invente parole
à mes incertitudes

et à l'inaccessible
jamais ne te rejoins
il manque
l'intraduisible lien

Qui nous retient
et nous prolonge
il manque
l'alliance
ou le risque
de ton engagement.

Donner sa chance à l'instant

Avec toi
Je sens le temps de la durée
Avec toi
J'ouvre chaque seconde
comme une éternité
et je plonge incandescent
dans le ventre opulent
de l'instant
Avec toi
Dans l'éclair de tes yeux
je retiens l'infini
pour en faire un présent
Avec toi
Le manque s'abolit
aux confins du futur
pour devenir Aimance
Avec toi
oui
C'est la mer retrouvée à jamais
C'est la vague fluide des rires
C'est l'ondulence du plaisir
Avec toi
J'unifie l'univers
et détiens une bribe d'absolu
pour distancer la mort
et dans l'inespéré d'un seul geste
je prolonge l'espace
jusqu'aux rives étonnées
d'une naissance

Avec toi
Je reçois les rires de la vie
dans les bras du soleil.

Rêver
            jusqu'où t'aimer
n'est que bâtir
        l'absence

    T'aimer
            jusqu'à rêver
c'est grandir
            ta présence.

Ce qui était enfoui

Ce qui était enfoui
dans les ombres et les silences
l'attente de toi

Ce qui était dit
dans la passion et la violence
la faim de toi

Ce qui était révélé
dans l'impatience et les élans
le don de toi

Ce qui était promis
dans les caresses et les baisers
l'aube de toi

Ce qui était oublié
le sens de la rencontre
l'essentiel
ce mystère

Au-delà de l'ailleurs
nos inaccessibles différences.

Couleurs

Tu gardes le pouvoir
de m'étonner
avec l'ocre d'un rire
et un désir bleuté
     Tu m'agrandis indigo
avec le rouge groseille
des tendresses cannelle
     Et tu me combles
lavande
dans les blés de l'été
     Avec des caresses fushia
sur mes abandons écarlates
je deviens océan.

Mon horizon c'est toi

Tumultueuses
s'implantaient
aux attentes de toi
les lames aiguës
de l'exigence
Et dans mes désespoirs
les plus tenaces
je n'ai jamais
renoncé
à t'inventer

Tu restes mon horizon
au point de fuite
de mes regards.

Le temps de toi

Quand le temps
est trop court
pour le perdre

en paroles

Quand le temps
est trop libre
pour le murer

en pensées

Quand le temps
est trop doux
pour le froisser

en sanglots

Quand le temps
est trop beau
pour le vivre

en attentes

Quand le temps
est trop las
pour l'égarer

en souvenirs

Quand le temps
est trop vif
pour le suivre

en projets

Quand le temps
est trop fugitif
pour le trouver

ensemble

Je laisse alors
le silex du présent
se détacher de l'instant
     Et s'enflammer
     à l'espérance
de futur.

Séduire ma peine

Sourire
aux risques des jours
mais l'heure s'égare
entre mes doigts
crispés sur tant d'absences

Que dire
à l'instant fugace
où la douleur se déchire
aux miroirs fous
des tentatives vaines

Que vivre
encore qui ne soit
dérisoire
pour convaincre mes bras
que ton corps n'est pas là

Séduire
ma peine et la porter
comme un levain

Elle seule me vient
encore de toi.

Je t'espère dans chaque regard.

Tu étais plus vaste
que toutes mes limites
et je n'ai pu ni te contenir
ni te garder
Tu es restée entière
innombrable
passante
aux fugaces visages
et aujourd'hui encore
je te cherche

Dans chaque sourire
et je t'espère
dans chaque regard.

Avec de grands élans horizontaux
pour accueillir le ciel
et des brumes de pudeur verticales
pour cacher le trop-plein du désir
J'ai rassemblé les jours
dans un signe d'amour.

Au soir d'un regard

Imagine librement
le ciel ouvert
comme un lieu de possibles
à la fête des attentes

Féconde follement
ton corps dénudé
aux vagues orangées
de la tendresse d'un été

Invente doucement
dans un abandon étonné
la terre ensemencée
du germe de tes rires

Vendange pleinement
à l'inouï d'un partage
tes saisons multiples
au rythme de ta chair

Irrigue abondamment
pour tant de renaissances
le vent de tes voyages
au plaisir des rencontres

Engrange ardemment
bien au-delà de nous
les moissons du désir
en des offrandes futures

Et puis
au soir d'un regard
Écoute le silence
et son trop-plein de vie.

Prière

Par les silences de tes pudeurs
et les cris de mes extases

Par la présence de ta tendresse
et les absences de mes oublis

Par le rire de tes enthousiasmes
et le soleil de mes violences

Par la croyance de tes libertés
et les certitudes de mes limites

Par le regard de tes exigences
et la fougue de mes contradictions

Par tout ce que je suis

Si tu es en vie

Je te sais femme immortelle.

J'étais heureusement fou

Ça s'inscrivait en moi
plus fort que des paroles
en des signes de feu
sous la peau du désir

Dans l'instant chaotique
qui suit chaque futur
je cherchais la porte étroite
pour t'approcher plus loin

Moi je voulais
non l'anticipation fragile
mais l'abolition
de tous mes doutes

Et c'est ainsi que je perdis
la plupart de mes croyances
pour des élans et des refus
parsemés d'étoiles

Je croyais t'aimer
en certitude
comme jamais homme
ne le sut. J'étais seulement

Fou.
Heureusement fou.

À l'autre bout de toi

Pour retrouver l'accord
en la vie partagée
et l'ascèse éperdue
des rivages éblouis

À l'autre bout de toi
ô ma patrie secrète
je dérive vers tes rires
j'y dépose mes joies

Dans la stupeur ravie
de ton ventre calice
je peux enfin te boire
et m'enflammer d'un nous

À l'accueil de tes sens
je me retrouve enfin

Réconcilié jusqu'à
l'autre bout de moi.

À l'âge éternel

Ô vous aimants
avides du toujours
apeurés du jamais
ne vivez qu'à la crête des jours
Laissez le rêve
vous emporter
à l'abside du ciel
Ne partagez plus l'incomplétude
des heures trop pleines
et laissez l'ignorance du temps
se heurter aux caresses reçues
Rebellez-vous aux finitudes
des saisons
Inventez ce possible
naître
dans l'instant
et le renouveler toujours
à l'accueil d'un regard
Étonnez-vous encore
à l'évidence
de l'imprévisible
et riez aux turbulences
du passé

Ainsi
à l'âge éternel de toi
ô mon amour

Je te dirai l'infinitude douce
de mes secrets.

C'était le temps
où j'inventais ta vie

C'était le temps
où j'inventais le pays
de nos rencontres
C'était le temps
où je savais le chemin
des sources rondes

> D'îles claires
> je parsemais
> nos villes découvertes
> Je transformais le ciel
> en plages ouvertes
> à nos amours complices
> et au vent des caresses
> ton corps devenait
> par des sentiers multiples
> aux choix imprévisibles
> un voilier invincible
> une cavale noire
> un torrent alangui
> un pont entre deux vies

À l'abside des jours
pour disperser le temps
ton désir renaissait goéland
J'étais germe à l'aurore de toi
dans le levain de l'innocence

Nos silences
se partageaient Mozart
nous naviguions
entre Brassens et Barbara
Quand nos regards réconciliés
lisaient à l'unisson
la quête d'amour inachevée
de René Char
une fin de saison un printemps
une odeur devenue senteur
suffisaient à notre faim
un vers d'Eluard
apaisait notre soif.

C'était le temps
où je savais deviner
les oasis opulentes de ton plaisir
C'était le temps
où j'inventais la vie à grand coup de rires
à grands cris de bonheur.

Si
    Je t'aime
dit le plus près
de l'amour

                  C'est
                  Tu es aimée
                  qui propose le plus loin
                  dans l'amour.

Mes amours nécessaires

Mes amours nécessaires
ma ferveur inutile
telle une pluie d'été
sur l'ivresse des nostalgies

Mes envols passionnés
ma violence secrète
pour réduire au silence
un passé si tenace

Mes emportements pudiques
mes rires trop clairs
pour désarmer l'injustice
si habile du futur

Mes combats héroïques
mes pudeurs blessées
à retenir l'usure inexorable
du désamour

Entre ces riens
si vivants
Vous avez tenté
d'exister
mes amours.

La promesse d'aimer

Entre
les promesses en friches des regards échangés
et l'abandon éperdu des corps apaisés
il y a la vie océane des désirs flamboyants
le bouton d'une rose dans le silence offert
le soupir étonné d'un plaisir ciselé
l'ébullition chatoyante de l'émotion partagée
Je nous ai inventés
lumière et orage
dans la chair fervente
de l'attente
à s'aimer par les yeux ?

En vagues ourlées de toi
j'ai prolongé la mer
sur l'aile d'un oiseau

Il dévoile mes îles
en des migrations
plus anciennes.

Pour la rencontre de toi

J'ai chevauché bien des
planètes pour te rejoindre
étoile

J'ai traversé bien des
déserts pour t'atteindre
oasis

J'ai laissé bien des
peurs pour te rencontrer
désir

J'ai renoncé à bien des
mots pour t'écouter
silence

Et tout cela pour échouer
dans la rencontre de toi

Car tu étais née
dans une autre existence.

Je te nommerai ultime

Avec l'été doré
je t'attendais

Vespérale et magique
tu es venue arrondir plus
doux les méandres du ciel

Dans la fulgurance du jour
déposée en promesse
sur la houle des soirs
j'ai dénoué l'habituel destin
et prévenu ainsi
l'injustice du temps

A l'aurore d'un cri
j'ai engagé ma vie.

Au temps aimé
de toi
en des secondes d'éternité

Succède le plein de l'espace
ouvert par ton absence.

J'ai apprivoisé la solitude

J'ai rencontré
me croiras-tu
la solitude vivante
porteuse
de tumultes paisibles

J'ai abandonné
en douteras-tu
la solitude avide
capteuse d'absolu
rivale redoutable

J'ai apprivoisé
m'en voudras-tu
la solitude fertile
joueuse des apparences
foisonnante de trésors

J'ai trahi
la solitude tendre
compagne fidèle

Ouvreuse d'infinis
mais cela tu le savais.

Trop loin de toi

À perte d'amour
je t'ai cherchée
ma rayonnante

À perte d'élan
je t'ai saisie
ma voyageante

À perte de vie
je t'ai parlé
ma désirante

À perte d'espoir
je t'ai inventée
ma délirante

À perte de temps
j'ai laissé écouler ma vie
trop loin de toi
mon amourante

Et quand je t'ai rencontrée
je ne t'ai pas reconnue
mon aveuglante.

Il n'y a rien de plus merveilleux
que tes mains-pluie
c'est le monde qui pousse
dans mon corps éveillé

Il n'y a rien de plus fou
que ton cri-soleil

C'est le jour qui se danse
dans ma vie étonnée.

Le temps d'une douleur

Dans l'opale du jour
à l'inverse du temps
je me sais éternel
de me savoir t'aimant

Nos multiples caresses
par instant apaisées
sertissent les miroirs
de nos visages aimés

Et le don échappé
à la chair des griffures
s'émerveille du feu
engendré de ses pleurs

La danse des odeurs
se repose enfin
Ruisselle l'après-vie
entre nos corps-lumière

Avec mes mille-moi
je suis enceint de toi
ô mon amour
Et je vais te porter
le temps d'une douleur.

Jusqu'aux sanglots de l'oubli

Bien au-delà de ma mémoire
j'irai jusqu'aux sanglots
de l'oubli
pour retrouver ainsi la source
et le chemin
vers plus de moi

Vers plus de toi
ô mon amour.

Au dépouillement de l'amour
la fête de nos vies
s'élance vers la beauté

La plus fascinante
celle de la liberté.

Dans l'en-vie de nous

Oui
poursuivre l'ineffable
au noyau du désir
Déposer le germe d'un soleil
Goûter encore
dans l'espace du temps
le trop de toi
Laisser mes lèvres te bercer
aux rives alanguies
du plaisir
En retenir l'extrême volupté
dans la cible du ciel

Pleins et Séparés

Du plus loin de nos souffles
revenir accordés
sur le fil étroit du délire
ébahis de douceur
attentifs seulement

À l'écoute de l'envie
qui nous relie.

Aussi proche
aussi loin que tu sois
je te rejoins

D'un seul élan
je te rejoins au plus secret
et je te serre follement
avec les bras du vent

Je t'embrasse éperdument
du bout des yeux
pour te dédier le monde
à l'aurore d'une vie

Avec mes doigts songeurs
je dessine sur ta peau
l'indicible gaieté
des heures à venir

Je caresse tes seins
avec des soupirs géographiques
et mes lèvres te disent
laisse-toi venir jusqu'à moi

Je m'abandonne
au nid ardent de tes cuisses
je m'alanguis
dans ton désir orange

Puis je t'emporte
dans l'infini dédale
de nos partages
avec tous mes autres langages.

Dans l'abondance
de nos rencontres
je m'affame sans fin

Sans urgence je me découvre
en éveil de toi.

J'ai besoin

J'ai besoin de tes mots
et des miens
pour ne pas te mesurer à l'aune
de mes tourments

J'ai besoin de mes silences
et de tes révoltes
pour ne pas te perdre
dans la mémoire de mes peurs

J'ai besoin de ta patience
et de mon désir
pour ne pas me noyer
dans le regard d'une autre

J'ai besoin de mes violences

Et de tes rires
pour ne pas basculer
dans l'ignorance de moi.

Sur le sexe de la vie

Sur le sexe
bondissant
de la vie
le temps est fait
de longues cicatrices
inachevées

Sur le ventre
amoureux
du temps
l'espace est fait
de grands rêves
éperdus

Sur le corps
infini
de l'espace

La vie est faite
de toutes mes naissances
à venir.

Tu me donnes la fierté de mes
incertitudes
et l'envie de mes doutes
Car avec toi
J'ai découvert la déraison
de toutes mes passions.

Amour-vie

À tant de regrets
Toi mon amour
noué

À tant de menaces
ô toi mon amour
sensible

À tant de risques
ô toi mon amour
ouvert

À tant de déchirures
ô toi mon amour
fragile

À tant de violences
ô toi mon amour
brisé

À tant d'attentes
ô toi mon amour
désappris

Par tant d'espoirs
ô mon amour
dépossédé.

Pour ne pas me priver de toi

Je me priverais de tous les paysages à venir
Je me priverais de l'attente d'une autre
Je me priverais d'un horizon ouvert
Oui je me priverais de regards innocents
Je me priverais de la vie ruisselante
ou du vent incertain

Je me priverais du soleil opulent
et de l'eau ardente
de l'amour infini
de celui éphémère
des rencontres éblouies
et même de la vaine distance
entre les grains d'un même sable

Je me priverais des souvenirs inavoués
de l'imprévisible silence
du cadeau des jours

Je me priverais du goût de la caresse
des faims de la tendresse
Pour ne pas me priver de toi
Et pour ne pas me rencontrer
je n'ai rien dit de tout cela.

Qui es-tu
pour m'entendre
si loin en toi

Où es-tu
pour te dire
si près en moi.

J'étais une maison-oiseau

J'avais une maison
aux murs en partance
vers des horizons
en attente

J'étais une maison offrande
aux regards partagés
par des amis
passagers

J'avais une maison vivante
dans la lenteur des jours
à l'assise joyeuse
des lendemains de fête

J'étais une maison-oiseau
aux ailes de velours
pour caresser les cris
de ta présence ultime

J'avais une maison aimante
aux désirs en vacances
pour l'envie partagée
de toutes nos rencontres
J'étais une maison odeur
d'eucalyptus et d'olivier

Pour rassembler le soir
en un faisceau d'amour.

Et nous fûmes éternels

À ta venue
notre rencontre
fut tissée de prodiges
Tu respirais ma vie
d'un seul de tes regards
Je prolongeais tes gestes
à l'infini du désespoir
pour mieux les délier
les rassembler aussi

En inventant cet amour-là
l'un puis l'autre
nous fûmes plus éternels
que de coutume

Suspendus entre neige et eau
dans le filet inachevé
du temps
nous avons tant poli
nos vies
de miel et de sel

Qu'elles furent
incessibles au royaume des morts.

Après l'oubli commence...

Dans les plis secrets du soir
bien longtemps après
L'oubli
commence l'infini de ta présence
Les manques enfin reconnus
Les ardeurs refusées
Les abandons trahis
Les brisures inachevées
Le temps de l'ailleurs
Les soifs désespérées
La faim de tous les impossibles
Les cicatrices en trompe l'œil
et les rages immobiles
serties dans les élans du cœur
Bien longtemps après
L'oubli
Dans un chuchotement alangui
scintillent les projets
d'un avenir matin.

J'entrais dans le miracle

Et chaque fois
nouveau-né à l'amour
j'entrais dans le miracle
          Offert
par l'émotion
de tous tes abandons
          Ouvert
par ce plus de toi
          Ruisselant
qui inondait mon corps
et l'emportait si loin
          au Noyau de la vie

J'ai voyagé ainsi
dans cet espace
          Inépuisable
que la passion-plaisir
recréait à chacune
          de nos Rencontres
          Je t'aime hors dimension
          me riais-tu
et c'est encore insuffisant
          Inoubliable

J'ai l'envie de tous tes possibles
et le besoin de tous les miens.

Si j'épelais tous les désirs

Reviendrais-tu
si j'égrenais un ciel orange
au bout
de ton regard

Reviendrais-tu
si je déposais le vent caresse
au nid
de ton ventre

Reviendrais-tu
si j'inventais la pluie tendresse
aux flux et reflux
de tes émotions

Reviendrais-tu
si je berçais un enfant doux
au rire
de tes seins

Tu es revenue.

Je te garde immortelle

Je te garde éternelle
tel un trésor
sans te révéler   tout à fait
sans te découvrir   pleinement
sans t'emporter   au loin

Immensément   ouverte
unique et secrète   émouvante
à jamais immortelle
Je te garde   proche
dans la seule respiration

À te créer
présente   aimance.

Abondance et intensité
n'ont pas à se combattre
Si tu es l'abondance
je reste le plaisir
Et si tu es l'intensité
je deviens résonance.

Ne viens plus dans un Nous
sans désir
car je me sais à la fois
offrande et recevance.

À jamais

Entre rire et peine
s'égrène ma tristesse

Entre regard et silence
s'effeuille ta nostalgie

Entre folie et poésie
se vit l'indicible absence

Entre tourment et oubli
se crie ma mémoire

Entre l'aube et le zénith
se glissent l'impudent espoir
du toujours
et la dérision stérile
du jamais plus

Mais
entre toi et moi

muets
se hurlent nos encore.

Au noyau du rêve

En instance de bonheur
atteindre l'après-jour
le dépasser sans le perdre

Approcher au plus près
les souffles infimes
d'un présent impalpable

Puis dévoiler
les murmures du retenu
en dénuder la pulpe

Écouter sans s'effrayer
l'inconscient
à fleur de sens

Suivre les chemins ensoleillés
de ton plaisir
au devenir spirale

Réconcilier l'eau et le feu
et au noyau du rêve
s'étreindre à corps noyés

Dans la palpitation charnelle
du recevoir
m'inscrire alors

Intensément vivant
Bercer le mouvement
affamé de la nuit
entre plaisir et sommeil.

Tu es habitée
de plus de rêves
que toutes les nuits réunies
n'en posséderont à jamais

Et je talonne sans trêve mes désirs
pour te rejoindre là où tu es.

J'étais nu

Pour laisser vivre ainsi
chaque espace de moi
et délivrer ma vie
du jeu de ses   oublis
je suis venu à ta rencontre

À l'étreinte du soir
j'étais nu et perdu
sans même le savoir
dépouillé, délavé
d'un trop récent amour

Prisonnier du passé
à chaque instant
esseulé
de plus de   souvenirs
que la mémoire infidèle du monde

Au plus clair d'un matin
je fus ensemencé
sans le vouloir
Libéré
d'un trop-plein de   regrets
apaisé de tous mes abandons
agrandi
de ma reconnaissance

Et l'aurore du soir
me dépose en   germe
aux berges de ta vie
J'étais nu
mon   accueillante.

À l'embellie de ton sein

Et chaque fois
mes lèvres rêveuses
découvrent
             un coin de ciel
             immémorial
à l'embellie de ton sein

Déjà
dans la désirance
Bien plus loin
dans l'abondance
mes doigts accueillis
dénouent
enchantés
la spirale
soyeuse de ton ventre
offrande

Et cet élan de moi
pour te recevoir
plus entière
arque mon dos
en un appel
inépuisable

Alors seulement
mes yeux s'apaisent
et ton regard ouvert

Se laisse prendre
à l'étonnement
retrouvé.

Tu fus un océan

Tu fus un océan
dans un homme à la   mer
quand je cherchais
un port

Aujourd'hui
Rassemblé par les vagues
je suis cet océan
entouré par une île
et je voyage
au secret
de ta peau
à la lisière du ciel

                    Bleu

comme un souvenir.

Le rêve d'une maison

Les rêves de ma maison
          s'ouvrent sur les rires bleutés
d'un horizon clos
          sur le projet de ta maison
Des feuillages en ciel
          chantent mes îles
et fleurissent tes plages

Le temps toujours fidèle à l'instant
des échanges
se distend accompli
au rythme de nos attentes croisées

À corps toujours perdu
le vent recommencé
balaye les distances
et accorde nos solitudes

Le silence immobile
gonfle les rêves rassemblés
et berce lentement
les élans dispersés

Un arbre rouge
          Dit ta présence

                    et toi
                    ma vivace
                    tu me regardes
                    t'aimer.

Un amour peut en dévoiler un autre

Tu m'as prêté ton regard
pour déchirer la nuit

Tu m'as offert tes silences
pour entendre le doute

Tu m'as donné tes saisons
pour baliser le temps

Tu m'as ouvert les bras
pour retenir l'espace

Tu m'as délié de l'oubli
pour me donner un présent

Tu m'as proposé un futur
pour chasser un passé

Et puis tu es partie
en me laissant des rires
en souvenance

ma dévorante.

Ce soir... Orion

Ce soir
le ciel est en fleur
et la terre est en ciel

Libre de tes projets
je te sais voyageante
pour t'accorder

insouciante
à la rencontre de nous
dans l'éclat
d'une étoile

Est-ce bien Orion
ma lumineuse ?

Au carrefour
de nos attentes
        me dis-tu
plus
que la galaxie
de nos ombres

Il y a l'univers éternel
        de nos possibles
        et son cortège de soleils.

À t'aimer sans savoir

Quand je t'aimais trop
à ne savoir me dire

Quand je t'aimais doux
à oublier mes certitudes

Quand je t'aimais fort
à nier mes besoins

Quand je t'aimais plus
à trahir mes silences

Quand je t'aimais mal
à réveiller mes peurs

Quand je t'aimais tant
à briser tous mes rêves

Quand je t'aimais enfin
dans cette autre existence
avant celle
où je t'aimais encore

Quand je t'aimais
seulement

toi.

À corps perdu
je me souviens

Impatiente
l'odeur du ciel mouillé
sur tes seins
                    je me souviens
Impudente
l'infinie cascade
du chemin de tes reins
                    je me souviens
Inoubliable
le cri éclatant
du matin dans ton bain
                    je me souviens
Impitoyable
le feu de ton regard
sur mon amour incertain
                    je me souviens
Intouchable
la tendresse jalouse
retenue dans tes mains
                    je me souviens
Indicible
les pleurs de la détresse
sur des souvenirs trop violents
                    je me souviens
Imprévisible
l'eau de ton rire
se mélangeant au mien
                    je me souviens

Je me souviens si fort de l'imprévisible
de l'indicible
de l'intouchable
de l'impitoyable
de l'inoubliable
de l'impudente
de l'impatiente
Et je me berce
du peu de toi.

J'ai oublié de t'attendre

Je voulais t'entraîner plus loin
que mon avenir
vers un espace à défricher
vers un temps à inventer
vers une saison nouvelle
et te donner ainsi
l'envie de toi

Oui, je voulais tellement
et si vite pour toi
que j'ai oublié de   t'attendre.

Toi ma galaxie

Je t'ai rencontrée dans le futur
de toi
à des années-lumière de mon silence
aux confins de l'espoir

Je t'ai découverte dans le regard
d'une étoile
galaxie imprévisible
où bascula mon univers

Je t'ai explorée comme un enfant
découvre le monde
sans le savoir si proche
à portée de désir

Aujourd'hui sans partage
je voyage
avec toi

Dans le cercle des jours
où la vie
s'amplifie pour devenir enfin sereine.

Tu savais
chaque fois
surprendre mes désirs
les déjouer

Aussi
pour mieux les enflammer.

La vie est une amoureuse aimée

La vie est une ardente
amoureuse
trop souvent esseulée

Si tu sais l'écouter
et même mieux l'entendre
elle te révèle
le meilleur de toi
Si tu sais la caresser
elle t'appartient
en entier
Si tu sais lui parler
elle te dit
sa tendresse
Si tu sais la féconder
elle te laisse
naître

Et si tu sais l'accueillir
et même mieux l'amplifier
elle te révèle amour.

À t'aimer comme tu es
avec ce que je suis

Je nous reste fidèle.

La nuit où tu jetas ma vie

La nuit
où tu jetas ma vie
aux mains rieuses
mais inexpertes
de ton abandon
et en faillis mourir d'un cri
te fut-elle redonnée
au matin des décisions

Savoir
et ne pas savoir
jusqu'où t'aimer
n'est que gémir
de vivre

J'en ai gardé
la faille
comme un sexe nouveau
étrangement vivant
aux soirs
de souvenance.

Une journée pleine

À l'aube d'une larme
un rêve transpercé

Au matin d'un souvenir
l'imminence d'une fête

Au zénith d'une déchirure
la transparence d'un accord

Au mitan d'une vie
la fulgurance d'un désir

Au crépuscule d'un regard
la certitude d'une grâce

À la nuit d'un oubli
le secret d'un partage

À l'étonnement d'un rire
l'aimance d'un abandon

C'est ainsi que je vis
aujourd'hui.

Je connais de mémoire
le futur de mon cœur
il sera ma rencontre

Avec toi.

La vie est à tous

Il faudrait l'annoncer
par un immense décret
LA VIE EST À TOUS
Elle est donnée gratuitement
                              OSEZ LA RECEVOIR

C'est le don fondamental
il y a de l'amour partout
bien au-delà de chacun
au plus loin des refus
                              OSEZ LE RECONNAÎTRE

Et proclamer ainsi
un immense moratoire
        Tous les enfants étranglés
        par les cordons ombilicaux
        de leur dette
        à la souffrance de leur mère
        tous les enfants castrés
        par les peurs silencieuses
        de leur père

        Respirez
        dégagez-vous
                    OSEZ VOUS AIMER

Allez la route est ouverte
        bien avant votre naissance
        la vie vous attendait

Il y a une place immense
pour chacun
dans le ventre étonnant
de l'existence

OSEZ LA PRENDRE.

Dans une autre de mes vies

Quand
je ne savais passer à gué
mes torrents
d'amertume

Quand
je me perdais humilié
aux déserts
de mes colères

Quand
je n'osais aborder droit
aux rivages
inconnus de mes peurs

Quand
trop blessé je me repliais
aux ombres
familières de l'oubli

Quand
je nourrissais avide
la rancœur
de mes blessures

Quand
je ne savais pas encore
l'aridité de l'espérance

Jetée
sur le désir de l'autre.

Exigences

Je sème des exigences
jusqu'aux bords extrêmes
de tes rires

Impitoyable
c'est de moi-même
que j'attends trop

Et dans cette attente folle
je te réclame
plus encore.

Et je cherche en toi
qui ne sait rien
de tout cela

Ce que je ne sais pas
de moi-même.

Météore d'amour

Bruissante

de perles d'eau

Foisonnante

aux désirs entiers

Perlante

par tous tes abandons

Vibrante

à plus de regards

Riante

de tant d'offrandes

Scintillante

de plaisir reçu

Brillante

en toutes tes ombres

Chantante

pour quelques certitudes

Étonnante

dans tes bonheurs

Tu traverses ma vie
Météore d'amour
Et me rassures peu.

Accepter encore

Accepter encore
la faim inépuisée de　　　　toi
pour que mon désir
ne s'étiole pas
Accepter bien sûr de retenir
la soif impérieuse de　　　　toi
pour que mon plaisir
ne s'étanche pas

Accepter enfin
toutes les errances
pour me prolonger hors de　　　toi.

Fais-moi l'amour
　　　　me disais-tu

Oui

fais-toi amour
　　　　　soupirais-tu
Fais-toi l'amour
　　　　　murmurais-tu

Oui

fais-moi amour

Et je n'entendais plus que
la mouvance
ensoleillée
de ton plaisir
dans le silence
ébloui
du mien.

Le temps n'a pas d'enfant
pour se survivre

Avec le temps des amertumes
des soupirs affamés
enfantent la rouge violence
des reproches à vif

Au temps des larmes
brûlantes et avides
succède la blanche rosée
des souvenirs trahis

Quand le temps des regrets
chasse celui des désirs
monte la sève du mourir d'une vie

Au seul bourgeon du rêve
splendide
est la durée
toujours inachevée
de l'instant
scintillant.

Une vie d'aimance

Il faut
l'aube affolée des rencontres
et des matins apprivoisés
pour un midi de découvertes
Puis
tout un demi-jour dévoré
au plein soleil de la passion
pour ensemencer des partages
Quant aux soirs de tendresse
ils ne suffisent pas toujours
à réconcilier
la distance entre des cœurs éclatés

Souvent
le crépuscule disperse
les poussières de l'usure
et l'aurore du soir
amplifie
la nostalgie des midis de lumière
Avec la nuit
se vendangent nos saisons
et les étoiles
moissonnent toutes
nos ivresses

Au réveil
sans t'avoir quittée
je te cherche encore
et la vie me surprend
de nouveau ébloui
dans la quête de toi.

Avec nos abandons
se vendange en possibles
toute une folie
trop longtemps retenue.

Longtemps
j'ai traqué la nostalgie
la délogeant de ses retraites
pour en forger ma mémoire

La plus fidèle
de toi.

J'ai découvert
la vie
comme une urgence
devant des jours
écartelés
qui se dérobaient
en silence

Au seul miracle
de ta présence
je devins vivant
pour toujours.

Aux saisons
de nos vies
le temps
n'a pas d'âge

Janvier

Nuancé d'incertitude
En hibernation de projets
Janvier le reposé
Se berce de son passé

Tu chantonnes doucement
Mon alanguie
Et tu rêves éveillée
Au silence des matins

Engourdie du sommeil
Des grands froids
Tu restes présente
Dans le grand blanc de l'absence

Vers le jour
Qui frissonne
Seule scintille
La nuit reposée de tes yeux.

Février

Souterrain et secret
Aux éveils fulgurants

Quand les chemins de ton corps
Cherchent la source de mes baisers
Sous la neige des nuits
Nous hibernons doux
De caresses en tendresses vives

Et la houle des draps
Roule nos étreintes
Vers un sang
Plus gourmand

Tu es plus éveillée aux soirées
Des rencontres fécondées par l'attente
Et j'attends le germe des moissons
Enfouies sous la faim des silences

Espoir aussi des premiers gestes
Oublieux des habitudes
Vers les seins aigus
D'un désir sans nuage

Si la nuit brise tôt le jour
Quand la lune se cherche
Au miroir de tes yeux
Chaque matin est la cible du vent.

Mars

Au sortir de l'hiver
S'inventent des rencontres

L'aurore d'un regard
Le souffle d'un espoir
Et c'est ton abandon
Plus précieux qu'une caresse
Qui me donne des ailes

Je t'ai reconnue
Au rire de tes yeux
Et c'est ta gentillesse
Ma pudique
Au goût d'éternité
Qui m'a rejoint

Je devance le printemps
Avec mes impatiences
Pour prolonger plus haut
Les cris de ma semence.

Avril

Fragile avril
Aux soupirs délicats
Aux élans impatients
Aux sources réveillées

Les brumes de ton corps
Déjà ensoleillé
Jouent dans les sillons des jours
Avec les ombres du plaisir

Et ce goût du bonheur
Qui soudain m'émerveille
Chante si fort la vie
Que soudain je m'éveille

C'est dans le bleu du ciel
Que je t'écoute
Et dans le rire des saisons
Que je te cherche

Avril lumière
Tu tisses chaque instant
Dans l'azur du futur.

Mai ou le printemps de l'existence

Rosée d'amour
En attente de don
Tu scintilles plus belle
À chacune de nos rencontres

Ce qui chante en toi
C'est l'embellie des soirs
Retrouvés sous les rites
Secrets des saisons

Sans retenue aucune
Je respire tes abandons
Et m'enflamme
De tes aimances

De naissance en naissance
De partage en offrande
Nous réinventons
Un bonheur au présent
Ce mois s'élance
Comme une prière
Et se danse
Comme une promesse

Gardons-le
Au plus précieux
De notre mémoire
Comme un enfant
À préserver des risques du temps.

Juin

Tapissé d'insouciance
Où le temps aboli
Égrène des promesses fastes
Tu es un diamant

L'opulence des bleus
Ouvre des mirages
Et je crois aux miracles proches
Dansant à l'horizon encore inaccessible

Mais la vie se promène
Dans les regards offerts
Comme autant de douceurs
À l'aurore d'un soir

Avec les portes de l'été
Offertes à l'insouciance
C'est ta gorge enflammée
Par un cri d'étincelle

Sur le chemin à vif
Des désirs flamboyants
Se déploient des projets
Et la ferveur des attentes

Juin le rutilant
Aux soirées étonnées
Ne chasse plus mes rêves
Pour des matins d'orgueil.

Juillet le transparent

Ton rire sème des étoiles
Au plein midi de nos regards
Et l'horizon de nos attentes
S'enflamme au bleu de tes espoirs

Au corps à corps de l'amour
Tu es mon abondance
Et l'infini des matins te prolonge étonnée
Jusqu'au seuil des midis du plaisir

Il n'est pas de soleil
Sans l'éclat de ta chair
Il n'est pas de nuits
Sans l'envie de tes bras

Il n'est pas de rivières
Sans l'eau de tes baisers
Et je sais même des horizons
Aux courbes de ton corps.

Août

À tes ruissellements
De sources apaisées
Je propose des matins infinis
Pour prolonger la vie
Au zénith du recevoir
J'ouvre tous mes élans
À l'espace incandescent du jour

L'apparat du soleil
Dans les braises du ciel
Une écume de silence
À l'instant du désir

Je n'ai jamais le manque
De toi
Seulement une envie
Écarlate dans un corps
De cannelle

Déjà le temps vorace
S'enferme dans la bulle bleutée
De plaisir.

Septembre

Opulent déjà
Tressé de souvenirs
Semé de retrouvailles
Ce mois a des ailes vers toi

Rutilant de projets
Fascinant de sortilèges
Favorisé de ton corps
Il n'est que matins
Éblouis dans le monde
De tes bras

Sans peine étrangère
Sans tristesse grave
Il réveille la vie
Hors de ses certitudes

Viens me dis-tu
Je n'ai désir que de t'aimer.

Octobre

Aux mirages perdus et retrouvés
Dans le charroi des couleurs
Et des étreintes douces

Tu laisses sourdre
Tes sources rousses aux veines de satin
Belles à désirer renaître
Dans la mousse de tes abandons

Octobre exigeant un sang plus clair
Pour s'unir sans limites
Aux dernières saisons du plaisir

Le jour frileux
Descend toujours trop tôt
Dans le caprice des heures si courtes

J'invente alors des tempêtes
Pour te garder encore
Et des désespoirs
Pour te maintenir éveillée.

Novembre

Une tempête aux tourbillons
Des jours et des heures
Je rugis et je geins
Retrouvant tous mes âges

Je te devine à corps perdu
Tu me berces dans tous mes abandons
Et je ne cesse de t'apprendre
Pour ne plus t'oublier

La terre se fait ventre
Contre la courbe d'un sein
le ciel se fait orage
au sexe des émois

Je cherche des printemps
Dans les averses de tes pleurs
Et je vois dans mes larmes
La tendresse du monde

Je t'impatiente de mes errances.

Décembre

La musique des sens
Installe le temps alangui
Des mémoires trop lourdes

Le givre de mes dents
S'oublie dans un baiser

Le mouvement d'un cri
Arrête un oiseau
Et le feu de tes yeux
Invente une terre plus nue

Je te sais aimée aimante
Et tu me sais amant aimé
Mais c'est sur notre amour
Que cette année s'achève

Tu es une femme à la jeunesse
Vespérale et diurne dont la seule beauté
Est devenue ma liberté.

Poétiques
amoureuses
sans fin

Le plus beau des cadeaux

Tu m'as fait cadeau
du meilleur
de moi-même

Tu m'as offert
sans retenue
les naissances inouïes de mon corps

Tu m'as révélé les rires
oubliés de mon ventre source

Tu as réveillé les émois
de mes sens
au plus secret de mes possibles

Terre d'accueil
offrande absolue
Je suis né de tes mains
porté par ton regard
émerveillé
accueilli par ta tendresse

Où j'ai osé être
Quand j'ai laissé naître
l'abandon
Un lâcher-prise
sans fin
sur l'infini du plaisir.

Je ne te demande pas

Je ne te demande pas
plus d'amour pour moi
    je te demande plus
    de tendresse en toi

Je ne te demande pas
plus de possibles pour moi
    je te demande plus
    de liberté en toi.

Je ne te demande pas
plus de présence pour moi
    je te demande plus
    d'intérêts avec toi

Je ne te demande pas
plus de soins pour moi
    je te demande plus
    de partages ensemble

Je ne te demande pas
plus de désirs pour moi
    je te demande plus
    d'enthousiasmes vers toi

Je ne te demande pas
plus de vie pour moi
    je te demande plus
    de plaisirs en toi.

Je ne te demande pas
de tout me donner
       je te demande d'oser
       le meilleur de toi

Je ne te demande pas
de ne pas me demander
       je te demande d'inventer
       des demandes.

À l'écoute

À l'écoute de ta vie
j'ai cueilli des étoiles
j'ai effacé des doutes
j'ai approché de nouvelles certitudes
et dans la profondeur
de ta lumière
j'ai enfoui tourments et lassitudes

À l'écoute de ma vie
j'ai entrevu des miracles
j'ai vécu mille printemps
j'ai ouvert des possibles
et dans ce puits de trésors
insoupçonnés
j'ai rassemblé la mémoire éparse de mon histoire

À l'écoute de ta vie
j'ai rencontré des rires
j'ai trouvé derrière les peurs
des désirs étonnés
j'ai agrandi le temps
et prolongé l'espace
jusqu'aux rives de ton cœur

À l'écoute de ma vie
j'ai caressé plus de rêves
j'ai accompagné d'autres réalités
j'ai voyagé sur les ailes du vent

et j'ai déposé un baiser
soleil levant
sur les paupières de l'espoir.

À toi

Avec souvent au cœur des yeux
La flamme du désir
Avec encore au bord des lèvres
l'amertume des douleurs anciennes
Avec toujours en moi la vie étonnée
de se savoir apprivoisée
Tu es vivante dans ta recherche
si enthousiaste de tes découvertes

Avec au plus loin des attentes
d'un amour à recevoir
Et tant de peurs à être
Avec tes mains oiseaux
si pleines de caresses
sur tant de rencontres inachevées
sur tant de relations à inventer
Avec le désespoir de tous ces élans
offerts aux impatiences
et aux caprices du temps
Tu es bien au-delà
De ta vulnérabilité
Un univers d'accueil
un havre de douceur

Avec aussi le risque de se perdre
Dans les maladresses fébriles
et la frénésie fugitive
des partages trop hâtifs
Avec les palpitations d'un cœur en offrande

Vers les attentes de l'imprévisible
Avec des gestes d'abandon ouverts
sur l'émotion de l'incertitude
À toi qui restes dans le courage de la vie
dans l'ivresse de la tendresse.

Être dans l'étonnement des rencontres

J'ai appris avec toi
l'absolu
du présent
Je ne sais
que reprendre
tes mots
tellement
ils sont miens
Oui j'aime vivre
dans l'espérance
de ta présence
et me remplir
au plein de toi
à l'étonnement
des rencontres.

L'avenir vient de loin

L'avenir vient de loin
par des gestes uniques
accordés
au plus loin de nous-mêmes
Il n'est de braises ardentes
que sur un lit de vent
Il n'est de plaisir soyeux
que sous un ciel d'attente
Et mon désir de toi
enflamme mon présent
relance mes émois
et m'emporte vers des rives
étonnées que je croyais inaccessibles
Quand s'émulsionne dans mon sang
les forces ardentes
des étoiles aveugles
et du soleil à vif
Je traverse ma vie
Avide de mes sens.

Lentement
Je t'en supplie
parle-moi
lentement

Lentement
je t'en conjure
aime-moi
lentement

Lentement
je t'en prie
quitte-moi
lentement

On a si peu de temps

Là où ta parole m'a révélé

Dans tes yeux lumière
mon amour printemps
a ouvert ses paupières
Et ton visage s'est approché
au plus près du désir

Dans tes yeux soleil
mon amour été
a scintillé au plus vif de l'azur
Et ton cœur s'est ouvert
dans la splendeur du ciel

Dans tes yeux création
mon amour automne
a libéré ses couleurs
Et ton plaisir a comblé
les sources de ma vie

Dans tes yeux rêveurs
mon amour hiver
s'est reposé
apaisé
là où ta parole m'a révélé.

Ce matin-là

Ce matin-là
m'as-tu dit
mon sexe s'est mis à rire
puis à pleurer
ce n'était ni de tristesse
ni de regret
mon liquide
mon suc jaillissant
ma sève à moi coulait
entre mes doigts
au long des cuisses
se perdait aux creux des genoux
remontait jusqu'au doux de mes reins
Elle m'a fait grandir
dans mon existence de femme
Ce matin-là
m'as-tu confirmé
j'ai osé la vie ardente
et joyeuse de mes désirs.

Vous l'ai-je jamais dit

Vous l'ai-je jamais dit
Vous étiez le jardin
dans lequel j'aurais voulu grandir
Vous étiez l'arbre
à l'ombre duquel j'aurais aimé mourir
Vous étiez le sourire
que durant tant d'années
j'ai mendié
Vous étiez la rivière
dans laquelle j'aurais voulu me purifier
Vous étiez le sentier
qui m'aurait conduit si loin
dans mes découvertes
Vous étiez l'horizon
qui me rapprochait
si près du meilleur de moi
Vous étiez une femme
si présente
que la flamme de l'espoir
ne s'est jamais éteinte en moi.

Quand ton sexe soleil

Quand ton sexe soleil
se réconcilie
au secret d'une étoile
il jaillit en sources éperdues
et se donne sans fin

Nénuphar palpitant
réveillant le silence
il surgit à la lumière
dans la mémoire immémoriale
de l'abandon
Dans le suc murmurant
de la confiance retrouvée
l'enfance n'est jamais loin
À l'offrande d'une femme
alanguie
aux caresses des sens
c'est l'ivresse rattrapée
par les possibles du désir
Et le corps ébloui
réconcilié
de toutes ses dérives
dans les vendanges du plaisir
rejoint l'azur d'un cri

Dans la fête des sens
les rires de la vie
scintillent plus vibrants.

Aux saisons de mon amour

Dans tes yeux lumière
mon amour printemps
a ouvert les siens
Et ton visage s'est rapproché

Dans tes yeux soleil
mon amour été
a scintillé au plus vif de l'azur
Et ton corps s'est offert

Dans tes yeux arc-en-ciel
mon amour automne
a libéré ses couleurs
Et ta langueur m'a comblé

Dans tes yeux étoile
mon amour hiver
s'est reposé
apaisé
Et ta parole m'a révélé

Dans tes yeux alizé
mon amour hors saison
s'est affranchi de ses chaînes
Et la liberté m'a conquis

Dans tes yeux symphonie
mon amour inépuisé
scande encore nos accords
Et ton existence me féconde.

Où que tu sois

Où que je sois
Où que tu sois
Je sais

Je sais la direction de tes émotions
celle de ton corps
Il me suffit de pivoter légèrement
de pencher la tête
d'ébaucher un mouvement
immobile
pour me relier à toi

Où que je sois
Où que tu sois
Je te vois

Je te vois vivante
rieuse ou silencieuse
Il me suffit d'ouvrir
un espace de rêve
dans l'instant qui me traverse
de ralentir mon pas
de respirer plus doux

Où que tu sois
Où que je sois
Je te sens

Je te sens entière
active ou rêveuse

Il me suffit de retrouver
le temps de nos rencontres
les plages de nos partages
ou les rires de nos attentes
Il me suffit de me relier
au meilleur de moi-même
car cela tu me l'as laissé
Tu n'as rien emporté de ce que je suis
dans le plein de toi je reste entier
à l'absence de toi.

Elle avait mis son cœur en offrande

Elle avait mis son cœur en offrande
et donné son temps en otage
Elle avait parsemé de rêves
chaque rencontre
dans l'attente de son écoute à lui
Elle avait projeté une vie de partages
et chanté les louanges de l'échange
Elle avait espéré l'agrandissement de chacun
aux rires des regards
aux tendresses des gestes

Elle avait laissé en elle enfin
s'apaiser la faim
et les inquiétudes lointaines
Elle avait semé des possibles
et lâcher-prise
sur toutes les retenues
pour laisser fleurir le miel de ses désirs

Tout cela
avec une générosité infinie
dans l'abondance et l'ivresse
du don reçu

Et maintenant qu'il n'est plus là
il lui appartient d'accueillir
le meilleur d'elle
pour donner une place au présent

Avec elle
compagnon d'elle-même
pour cette aventure unique
de la vie ancrée sur aujourd'hui
ouverte sur l'existence reçue
comme un cadeau.

Dans l'infini de toi
je ne me perds jamais

Dans l'offrande
accueilli
je me sens tout amour

Ô mon amour
je t'aime sans hésiter
Pour toi amour
je me sens
inventeur de bonheur

Pour toi encore
je suis habité de plus de vie
oui par toi

Quand j'écrivais
loin de nous
tous mes silences
pour être plus près de toi
j'énonçais frémissant
je t'aime
je t'aime
leurs vibrations subtiles
me transportaient
au seuil
de l'éternité

Dans l'infini de toi
je ne te perds jamais.

La plus belle des demandes

La plus belle des demandes
est celle que j'ai attendue
longtemps
longtemps
La plus belle des demandes
est celle que j'ai reçue de toi
un matin de renouveau

conduis-moi vers le plaisir
accompagne-moi à la rencontre
de tous mes sens
sur les chemins ouverts de mon corps
ne me précède pas
suis-moi
vivace
vers ma joyeuseté
mon tout tendre

Regarde-moi à plein regard
surprends-moi par tes attentions
étonne-moi par tes caresses
emporte-moi au plus loin de mes possibles

La plus belle des demandes
est celle que j'ai reçue de toi
ce matin-là.

Fais-moi amour, fais-toi amour me disais-tu...

Avant l'amour
j'ai besoin de ton regard
pour assurer mon existence
Pendant l'amour
j'ai besoin de ta main
pour m'ancrer et me laisser aller sans vertige
au plus loin de moi
au plus près de toi
Après l'amour
j'ai besoin de tes bras
pour m'accueillir
pour me contenir
Oui j'ai besoin d'un contenant
après t'avoir reçu
Que c'est bon d'aller vers ce quoi
je me sens appelé
le meilleur de toi.

J'ai appris avec toi

J'ai appris de toi l'absolu
du présent,
l'intensité du désir
le précieux des souvenirs
et l'infinie douceur
des partages complices
Je ne sais que reprendre
tes mots, tellement ils sont miens
je ne puis que les adopter
tellement je m'y reconnais
Je traverse des jours
ourlés de l'espérance
de ta présence
Oui j'aime vivre
dans cette attente
et me ressourcer au plein de toi...
à l'étonnement des rencontres.

Table

I. La souffrerrance

II. Toi mon infinitude

III. Je t'aime

IV. Aux feux de l'aimance

V. Aux saisons de nos vies le temps n'a pas d'âge

VI. Poétiques amoureuses sans fin

Ce livre reprend cinq recueils de poèmes : *La Souffrerrance*, publié en 1980 et illustré par Gilles Berthomeaux ; *Toi mon infinitude*, publié en 1982 et illustré par Karine Bazardait ; *Je t'aime*, publié en 1985 et illustré par Jean-Claude Thuilliez ; *Aux feux de l'aimance*, publié en 1986 et illustré par les photographies de Marc Humbert à partir d'une sculpture de Miguel Fernandez ; *Aux saisons de nos vies*, publié en 1987 et illustré par Jean-Luc Savoy et Jean-Claude Thuilliez (réédité en 1989 aux Éditions Bron avec des illustrations de Jacques Biolley).

Toutes ces éditions, parues aux Éditions le Regard Fertile, sont épuisées.

DU MÊME AUTEUR

Supervision et formation de l'éducateur spécialisé, éd.
Privat, 1972 (épuisé).

Parle-moi... j'ai des choses à te dire. Vivre en couple,
éd. de l'Homme, 1982.

Les Mémoires de l'Oubli (en collaboration avec Sylvie
Galland), éd. Jouvence, 1989.

Si je m'écoutais... je m'entendrais. Vivre avec soi-même
(en collaboration avec Sylvie Galland), éd. de
l'Homme, 1990.

Aimer et se le dire. La vie sexuelle entre plaisirs et
doutes (en collaboration avec Sylvie Galland), éd. de
l'Homme, 1993.

Je t'appelle tendresse. Poétique relationnelle, éd. L'Espace Bleu, 1984.

Relation d'aide et formation à l'entretien, Presses Universitaires de Lille, 1987.

Apprivoiser la tendresse. Vivre la tendresse à plein temps, éd. Jouvence, 1988.

Papa, Maman, écoutez-moi vraiment. À l'écoute des langages du corps et de l'imaginaire chez nos enfants, éd. Albin Michel, 1989.

Je m'appelle toi, roman, éd. Albin Michel, 1990.

T'es toi quand tu parles. Jalons pour une grammaire relationnelle, éd. Albin Michel, 1991.

Bonjour tendresse. Une pensée par jour, éd. Albin Michel, 1992.

Contes à guérir, contes à grandir. Une approche symbolique à l'écoute des maux, éd. Albin Michel, 1993.

L'Enfant Bouddha (illustrations de Cosey), éd. Albin Michel, 1993.

Heureux qui communique. Pour oser se dire et être entendu, éd. Albin Michel, 1993.

Tarot relationnel. Communiquer en jouant, plutôt que jouer à communiquer, éd. Albin Michel, 1994.

Paroles d'amour, Poésies, éd. Albin Michel, 1995.

Jamais seuls ensemble. De la rencontre amoureuse à la relation de couple, éd. de l'Homme, 1995.

Charte de vie relationnelle. Pour communiquer à l'école, éd. Albin Michel, 1995.

Communiquer pour vivre, éd. Albin Michel, 1995.

C'est comme ça, ne discute pas ! ou les 36 000 façons de (ne pas) communiquer avec son enfant, éd. Albin Michel, 1996.

Cet ouvrage a été réalisé par
Nord Compo
Imprimé en France par Pollina, 85400 Luçon